Walter Henkels
Adenauers gesammelte Bosheiten

Eine anekdotische Nachlese

BASTEI-LÜBBE-TASCHENBUCH
Band 10 591

© 1983 by Exon Verlag GmbH, Düsseldorf und Wien
Lizenzausgabe:
Gustav Lübbe Verlag GmbH, Bergisch Gladbach
Printed in Western Germany 1985
Einbandgestaltung: Roland Winkler
Satz: ICS Computersatz GmbH, Bergisch Gladbach
Herstellung: Ebner Ulm
ISBN 3-404-10591-5

Der Preis dieses Bandes versteht sich
einschließlich der gesetzlichen Mehrwertsteuer

Inhalt

Zu diesem Buch 9

Kennedy und de Gaulle 17 · Kein Fackelzug 18 · In Beilstein an der Mosel 20 · Maria Magdalena 22 · Ein Botschafter bekam einen Tritt vors Schienbein 24 · Strampelhöschen für Frau Mende 27 · Das Abenteuer des Fliegens 28

Die ethischen Werte 35 · Ein Lachsbrötchen? 36 · Ein Hund starb 37 · Das Aha-Erlebnis 39 · Die knitzen Schwaben 40 · Golo Mann erzählt 42 · Den Handstand machen 45 · Weiblicher Akt 45 · Etzel, Dahlgrün und die Spesenzettel 47

Die Schutzmittel 50 · Der Mann aus Argentinien 51 · Fremdwörter sind Glückssache 52 · Etwas über Bischöfe 53 · Für den Frieden der Welt 54 · Das Bundeswirtschaftsministerium wußte es 55 · Das menschliche Gehirn 57 · Als Adenauer das unaussprechliche Wort diktieren mußte und Profittlich zu Kreuze kroch 58

Osterheld beschreibt den Abschied 64 · Die »Hambacher Fahne« 67 · Als er die Mehrheit verlor 69 · Von Dr. Bebber-Buch bis Professor Niehans 75 · Wenn es Felix von Eckardt »jut machte« 77 · Chefredakteur Müller-Marein bekam Antwort 80 · Der den Mund nicht halten konnte 81

Hat Adenauer Freunde gehabt? 85 · Sterben fürs Vaterland 89 · Hosenträger, ja oder nein 91 · Horst Waffenschmidt erzählt 93 · Die geschönten Lebensläufe 95 · Bei den Weißwedelhirschen in Japan 97 · Der Waidmann 98 · Waidmannsheil, Herr Strauß 99 · Der Generalinspekteur überreicht Strauß einen Degen, und Adenauer sagt: Der kommt wieder 100

Bernard Lescrinier 105 · Im Claridge-Hotel, kurz vor Mitternacht 108 · Hildchen 111 · Berühmter Bonner Partygänger 112 · Die Fußnoten 113 · Hm, hm, ja, ja 114 · Nachdenken bei Erhard 116 · Schwarz und Grün 118 · »Ich bin einzig« 121 · Grütze im Kopf 124 · Die Überbleibsel 125 · Generale sind alle steif 127 · Verdünnungsmittel und Lösungsmittel 128 · »Spiegel«-Leute 130

Sauerkraut, »sure Kappes« und Kohl 132 · Von »Dejool« bis »EeWeJee« 134 · Störenfried von Holleben 138 · Hier ruht Andrej Andrejewitsch Smirnow 141 · Erhard in Freundschaft 143 · Hermann J. Abs erzählt 144 · Blank und die Vielweiberei 146 · Der Mann mit der roten Nase 147 · Er zitiert Luther 149

Er mochte die Kennedys nicht 151 · Der Alterspräsident 152 · Mende ohne Orden 154 · Die Präsidententochter sollte »die Deutschen« kennenlernen 155 · Atomwaffen und Peter Nellens Fieber 156 · Er stolperte über Bücherberge 158 · Keine achtzig mehr 161 · Nach dem ersten Band der »Erinnerungen« 162 · Wo Sünde ist, ist auch Vergebung 164

In der Mitte der leere Stuhl 166

Personenregister 174

Zu diesem Buch

Am südlichen Rande der Bundeshauptstadt Bonn, hinter den sieben Bergen im sogenannten Drachenfelser Ländchen, betreibe ich seit Jahren eine Schriftstellerei, in der ich mehr als zwei Dutzend Bücher hergestellt habe. Es ist ein Einmannbetrieb mit Zweifingersystem und Mehrwertsteuerpflicht.

1965 brachte ich mein erstes Adenauer-Anekdotenbuch »... gar nicht so pingelig, m.D.u.H.« heraus, das im ersten Jahr eine Auflage von 160 000 erreichte. In den folgenden Jahren – das Thema war unerschöpflich und der Verleger unersättlich – kamen noch meine Bücher »Doktor Adenauers gesammelte Schwänke« (1966), »Ganz das Gegenteil« – Adenauer und Erhard in der Karikatur (1967) und zum hundertsten Geburtstag Adenauers (1976) »Neues vom Alten« heraus. 1982 hatten diese Bücher mit den Taschenbuch- und Buchgemeinschaftsausgaben auf den Punkt genau die Millionenauflage erreicht.

Was Adenauer selbst von diesen Anekdoten

gehalten hat? Es war auch für ihn ein Schmunzelbuch. Als es herauskam, begann sich bei ihm sofort der Witz zu regen. Die Perle seines Sprüchleins, und er sagte es, ohne daß er Anstalten machte, es mir ins Ohr zu sagen, und ohne daß einer von uns zu erröten brauchte: »Sie haben schon viel Geld an mir verdient.« Und noch ein zweites Wort fand er bei dieser Gelegenheit: »Dat stimmt sicher auch nit alles, wat da drinsteht.« Wieder unterließ ich es, zu erröten. Auch er würde gewiß keine Anstalten machen, verlegen zu werden, wenn er seine »Erinnerungen« überprüfte, die sich, wie die Historiker längst ermittelt haben, durch die Kunst des Weglassens auszeichneten.

Sein großes Pendant, der bedeutende englische Staatsmann Sir Winston Churchill, den die Engländer 1945 in die Wüste geschickt hatten, bekam 1953 für sein brillantes Memoirenwerk den Nobelpreis für Literatur zuerkannt. Er war ein Mann, dessen schlagfertiger Witz entwaffnend sein konnte. Adenauer war für uns Deutsche von der Geschichtsmächtigkeit her als Politiker ein ähnliches Kaliber. Auch er fand immer Gelegenheit, seine humorigen, witzigen, trockenen, maliziösen und boshaften Bonmots loszuwerden, auch wenn er für seine »Erinnerungen« nie den Nobelpreis bekommen würde.

»Der Spiegel« hat meine Adenauer-Bücher als »die bestarrangierte Adenauer-Anekdoten-Anthologie« bezeichnet, und »Die Zeit« schrieb: »Man kennt an Adenauer, was er vielleicht auch war, den besten preußischen Alten Herrn, den das Rheinland je hervorgebracht hat: Preußentum und Kölsch plus Menschenverachtung, eine unwiderstehliche Mischung. Man muß zugeben, es sind ein paar ausgezeichnete Sachen darunter, die einen verschmerzen lassen, daß wir keinen echten Alten Fritz mehr haben.«

Haben die frommen Schwestern im Bonner St.-Franziskus-Krankenhaus, dem Kessenicher »Klösterchen« meine Adenauer-Bücher nicht in ihrer Bibliothek unter dem Rubrum »Religiöse Schriften« eingeordnet?

Die Jahre und die Umstände nach seinem Tode 1967 haben den Alten noch liebenswerter gemacht. Ist er in seiner Verklärung nicht tatsächlich ein Wesen höherer Art geworden? Beratschlagt man nicht schon lange, ob man nicht einen Kanonisierungsprozeß in Gang bringen soll? Kein Wahlkampf ohne ihn. Helmut Kohl in seiner Unbekümmertheit: er sei der Nachfolger und fülle die Lücke aus, die der Alte hinterließ. Kohl: »Ich bin der politische Enkel Adenauers.«

Zwanzig Jahre sind vergangen, seitdem er das Staatsschiff in die Hände seines Nachfolgers geben mußte, den er nicht mochte. In diesen Jahren ist viel Wasser den Rhein hinuntergeflossen. Und viel, sehr viel Tinte dazu. Mehrere Dutzend Weggefährten haben ihre Memoiren und Erinnerungen herausgebracht. Nichts Verdrießliches über Adenauer ist darunter. Nie hat einen das Glück, ihn zu überleben, in einer solchen Fülle erfreuen können. Lebenserinnerungen von Gerstenmaier bis Hallstein, Pauls, Robert Strobel und Grewe, von Ernst Lemmer, von Herwarth, Felix von Eckardt und Golo Mann bis Gerd Schmückle, Blankenhorn, Heinz Kühn und Paul Frank, Anneliese Poppinga, Fritz Sänger, Hans Dichgans, Rolf Lahr und Arnulf Baring stehen da. Ein langer, kalter Schauer fließt einem den Rücken herab. Beiträge von Weg- und Zeitgenossen hat die Konrad-Adenauer-Stiftung herausgebracht, die in der Adenauer-Ära in Politik, Wirtschaft, Verwaltung oder in anderen Bereichen des öffentlichen Lebens zu dem Kanzler in direkter Beziehung standen: Westrick, Franz Josef Bach, Heck, Müller-Armack, Abs, Barzel, Ludwig Rosenberg, Sonnemann, Nahm, Walter Strauß, Rapp, Meyers, Mende, Thedieck, Gradl, Seydoux, Eleanor Dulles, Andreotti, Wenger, Lord Pakenham, McCloy, Nahum Goldmann. Franz Böhm, Lucius D. Clay, Birrenbach, Klaus Dohrn, Sticker, Dörpinghaus, Henle, Carstens, Osterheld, Anthony Eden, von Hase, Schulze-Vorberg, Globke, Mertes, Majonica. Sie alle haben hundert und aber hundert Geschichten erzählt und kamen selbst nicht zu kurz. Sie haben den Gegenstand, über den es zu berichten galt, nämlich den alten Adenauer, in dem Sonnenschein wiedergesehen, wie sie ihn zu sehen wünschten: groß, edel, ein Übermaß an Sympathie. Der Rest war Gemurmel.

Meine neuen Anekdoten in diesem Buch habe ich zum größten Teil bei der Lektüre dieser Erinnerungen und Memoiren entdeckt; einiges wurde mir zugetragen. Auch die Konrad-Adenauer-Stiftung hat mir freundlicherweise Quellen erschlossen. Alles in diesem Buch ist neu, nichts aus meinen früheren, längst vergriffenen Adenauer-Anekdoten-Büchern übernommen.

Manche, die ich nach »Futter« für meine Anekdotensammlung befragte, waren zugeknöpft. Der frühere französische Hohe Kommissar und Botschafter in Deutschland, André François-Poncet, schrieb mir 1965 aus Paris, wo er im Ruhestand lebte: »Ich habe keine passende, amüsante, geistreiche Adenauer-Anekdote auf Lager, und ich bin auch unfähig geworden, neue zu erfinden. Verzeihen Sie mir.« Karl Carstens, während dreier Jahrzehnte Bremischer Bevollmächtigter beim Bund, Diplomat, Staatssekretär, Chef des Bundeskanzleramtes, Fraktionsvorsitzender, Bundestagspräsident, ließ mir als Bundespräsident durch seinen Staatssekretär sagen, solche Anekdoten behalte er sich für seine eigenen »Erinnerungen« vor. Wie recht er hatte.

Je weiter man sich von Adenauer entfernt, desto mehr zeigt er sich von seiner menschlichsten Seite. Manche Sprüche Adenauers, der Trivialität nahe, sind längst Schlagwörter oder gar Buchtitel geworden, wie »Die Situation ist da« oder »Die Lage war noch nie so ernst« oder »Wir sind wieder en jutes Stück vorwärts gekommen«. »Et war wieder 'ne jroße Erfolg.« Sein Wort »keine Experimente« geriet in die Obhut der Wahlkämpfer, wurde ein Wahlschlager und brachte ihm die absolute Mehrheit im Parlament. Solche Worte haben nur eine begrenzte Pointe, aber zu ihrem Verständnis braucht es keiner Fußnote. Hätte ich den kölschen Zungenschlag nicht mit philologischer Akribie angefertigt, wäre das Witzige verlorengegangen, was den Reiz des Kölnischen, Adenauers Hochsprache mit kölschen Knubbeln, ausmacht. Er konnte grammatikalisch keine hochkarätigen Sätze von sich geben. Bei ihm kam es auch gar nicht auf Punkt, Semikolon und Komma an. Er sprach auch keine Sätze, die mit einem Ausrufe- oder Fragezeichen enden müßten. Er war, wie wir wissen, kein Meister der geschliffenen Rede.

Das Boshafte ist in Adenauers Rede nicht angelegt. Aber er konnte Bosheiten loswerden, schön verpackt in die Ironie. Die Amerikaner hatten an dem alten Herrn einen Narren gefressen, gleichwohl war Adenauers Deutsch im Angelsächsischen nicht reproduzierbar; langwierige Erklärungen wären sonst notwendig gewesen. Man konnte es nicht übersetzen. Es gab keine englische Entsprechung zum deutschen Original; deshalb sind auch meine früheren Adenauer-Bücher nicht ins Englische übersetzt worden. Ein Interpolieren wäre nicht möglich gewesen.

Es wird immer weniger Leute geben, die Adenauer noch gekannt haben. Ich habe viele Male mit ihm Boccia gespielt, er hat es mir beigebracht. Er gehört längst zur Kategorie der großen Männer und der historischen Persönlichkeiten. In der Anekdote hat er alle seine Nachfolger – Erhard, Kiesinger, Brandt, Schmidt und Kohl – verdrängt. Und die Bundespräsidenten – Heuss, Lübke, Heinemann, Scheel und Carstens – ebenfalls. Sie alle müßten neidisch an ihn denken, der uns Alten in immer milderem Licht erscheint.

Ich darf mir einbilden, im Fach Adenauer-Anekdote als kompetent zu gelten. Das Risiko habe ich auf mich genommen, daß das eine oder andere womöglich geschönt und mit einer Pointe versehen wurde. Aber für den Wahrheitsgehalt garantiere ich. Es gibt Gründe genug, weshalb die Adenauer-Anekdote noch Jahrzehnte nach seinem Wirken in so hoher Blüte steht. Und ich kenne auch Männer und Frauen, die noch leben, die unter ihm etwas werden und Karriere machen wollten, dann aber keinen Ministersessel bekamen. Er mache lieber einen langen Wahlkampf, wo die Fetzen flogen, als eine Regierungsbildung, hat er mehr als einmal gesagt. Alle anderen Helden der »Anekdote« der ersten drei Jahrzehnte Bundesrepublik hat Adenauer verdrängt. Da es noch heute begierige Leute nach der Adenauer-Anekdote gibt, wird hiermit ein fünfter Band nachgeschoben. Am Schluß des Buches ist mein Essay über den Staatsakt im Bundestag nachgedruckt, den die Frankfurter Allgemeine Zeitung am 26. April 1967 veröffentlichte.

Von meinem Schreibtisch im Haus auf den linksrheinischen Rheinhöhen sehe ich aus dem Drachenfelser Ländchen unten den Rhein fließen, ich sehe dahinter das Adenauer-Haus in Rhöndorf und das Tal mit dem Waldfriedhof, wo seine Grabstätte liegt, die längst Touristenattraktion geworden ist. Das Rheintal hat hier ein suppiges Klima, das manche Leute schlecht vertragen, und das ist der Punkt, weshalb ich mit den Himmlischen, die für die Meteorologie zuständig sind, manchmal hadere. Aber – im Ernst gesprochen – das Siebengebirge, das in Wirklichkeit 23 Berge, Kuppen und Kegel hat, ist etwas für Augenmenschen.

Ich grüße hinüber zum Waldfriedhof und werde morgen ein Sträußchen Vergißmeinnicht niederlegen. Ihn gab's nur einmal

Wachtberg-Ließem
über Bad Godesberg, im Frühjahr 1983   W. H.

Kennedy und de Gaulle

1963 waren Kennedy und de Gaulle in Bonn. Es waren, wie man sagte, »Arbeitsbesuche« und keine »Staatsbesuche«. Die Koblenzer Straße, die spätere Adenauerallee, sonst bei jedem Besuch eines Potentaten aus der weiten Welt in eine »Via triumphalis« verwandelt, war merkwürdigerweise beim Besuch Kennedys nicht beflaggt, bei de Gaulle überraschenderweise doch; desgleichen die Rheinbrücke, die nach der Ermordung Kennedys dann seinen Namen bekam. Alles hing voller Fahnen, die Trikolore vorneweg, das Sternenbanner war nicht zu sehen.

Es gab Krach zwischen der Bonner Stadtverwaltung und dem Auswärtigen Amt. Die Absprache war seit langem, daß für das Beflaggen der Koblenzer Straße das AA, für die übrigen Stadtteile das Rathaus zuständig war. Das dringliche Anerbieten der Stadt, beim Besuch Kennedys die Koblenzer Straße auf städtische Kosten zu beflaggen, um produktive Stimmung zu verbreiten, schlug nicht durch. Arbeitsbesuch sei Arbeitsbesuch, sagte das Protokoll, keine Flaggen in der Koblenzer Straße, bitte schön.

Kennedy war längst wieder über den großen Teich, de Gaulle nach Frankreich zurückgekehrt. Daß Kennedys Besuch kein »Arbeitsbesuch« war, sondern — besonders in Deutschland — eine große Demonstration von Gefühlen des Vertrauens und der Sympathie für ihn und die Amerikaner, hatte auch das Protokoll wahrgenommen; es war ein politisches Ereignis. Der Stadt Bonn, die sich so wacker für das Beflaggen einsetzte, aber beim AA nichts erreichte, wurde ein Lob erteilt, das AA nachträglich getadelt. Nach Jahren erfuhr man's: Adenauer mochte den Kennedy nicht, de Gaulle war ihm ein Herzbruder.

Kein Fackelzug

Die Huldigungen für den 1963 aus dem Amt geschiedenen Bundeskanzler waren zahlreich. Auch die Bürger von Bonn, in deren Mitte er vierzehn Jahre regierte und deren Bundestagsabgeordneter er noch bis zu seinem Tode war, wollten ihm einen Kranz winden. Der Bonner Oberbürgermeister hatte schon seine Rede für Ehrenbürger Adenauer präpariert und konzipiert. Er war entschlossen, ihn auf der berühmten Freitreppe des

Bonner Rathauses gebührend zu feiern, und zwar im Schein einiger tausend Fackeln. Der Herr Oberbürgermeister wurde mehr und mehr nervös, schließlich sogar ungehalten, denn es kam keine Terminangabe des Ehrenbürgers Adenauer. Zur Nervosität kam schließlich der Verdruß; denn schließlich saß im Palais Schaumburg längst der Bundeskanzler Erhard, dem die Bonner Junge Union am Tage seiner Wahl an seinem Haus auf dem Venusberg einen Fackelzug darbrachte. Inzwischen gab es etwas Krakeel zwischen den zuständigen Stellen, nur Konrad Adenauer stellte sich taub. Vielleicht, so meinten einige, hat er eine gesunde Verachtung für Fackelzüge, wer weiß.

Jetzt verfielen die zuständigen Leute auf den Gedanken, Konrad Adenauer und seinen Nachfolger Erhard zusammen zu ehren. Aber konnte das Konrad Adenauer nicht als leichten Schabernack der Bonner auffassen? Einstweilen blieb es dabei: Mehr als fünftausend Fackeln, die Bonner Spezialgeschäfte beschafft hatten, blieben liegen. Die Bonner rätselten noch lange Zeit, weshalb Adenauer zu seinem Abschied auf dem Bonner Venusberg ein Waisenhaus einweihte und in der Nachbarstadt Bad Godesberg sich ins Goldene Buch eintrug. Diese Ereignisse ließen den Bonnern hinreichend Spielraum für Mutmaßungen. Der Abgeordnete Adenauer, nach einigen Wochen von Oberbürgermeister Wilhelm Daniels diskret im Vorbeigehen befragt, ging in den Tiefsinn. Er sagte: »Raten Se mal, Herr Oberbürgermeister.«

In Beilstein an der Mosel

Er war einer der großen »Europäer«, stammte aus Südtirol, war Jurist und Journalist, vor dem Ersten Weltkrieg Mitglied des österreichischen Reichsrats, nach dem Zweiten Weltkrieg Mitgründer und Generalsekretär der Democratia Cristiana in Italien: Alcide de Gasperi. 1951 bildete er in Rom sein siebtes Kabinett. Die beiden Regierungschefs de Gasperi und Adenauer, beide hatten auch das Außenministerium inne, machten im Herbst 1952 von Bonn aus einen Abstecher an die Mosel. In Beilstein im Moselkrampen, mit 181 Einwohnern die kleinste Stadt der Bundesrepublik, machten sie Station. Das Städtchen mit Burg Metternich, dem Karmelitenkloster und seinen Fachwerkbauten ist der schönste Punkt an der Mosel landauf und landab. Es besitzt Stadtrechte seit dem Jahre 1310, als es zum erstenmal »Freiheiten und Rechte für ewige Zeiten« bekam. In der Befestigung im Tal lebte eine alte Judengemeinde, die dem Kaiser Heinrich VII. »in treuer Ergebenheit und willigem Gehorsam« zugetan war.

Adenauer konnte seinem Kollegen de Gasperi

aus Italien einiges darüber erzählen. Die Juden waren Eigentum des Kaisers, gehörten zur »kaiserlichen Kammer« und wurden demgemäß »Kammerjuden« genannt; sie wurden vom Kaiser verkauft und abgetreten. Durch die Abgeschlossenheit in Beilstein waren sie auf den Handel angewiesen, ebenso lag der Geldverleih in ihren Händen, da nach kanonischem Recht den Christen das Zinsnehmen verboten war. Die Zinssätze waren festgesetzt, und zwar so, daß bei der Besteuerung des Einkommens dem Landesherrn ein beachtlicher Teil zufiel. Nach dem Zweiten Welkrieg brachte dies ein Amtsrichter Dr. Joh. Hönl in einer Geschichte Beilsteins zutage.

Beilstein hatte nicht nur ein Schöffengericht und »einen Wochenmarkt am Gestade zwischen Ort und Mosel«, Prunkstück waren vor allem die Burg Metternich und das hochgelegene Kloster, zu deren Füßen einige Filme der Neuzeit gedreht wurden: »Wenn wir alle Engel wären«, »Das Verlegenheitskind«, »Moselfahrt aus Liebeskummer« und Carl Zuckmayers »Schinderhannes«.

In Beilstein wurden Adenauer und de Gasperi vom Ministerpräsidenten von Rheinland-Pfalz, Peter Altmeier, und von Winzerinnen und Winzern in ihren alten Trachten begrüßt. Die Kaffeetafel war gedeckt. De Gasperi staunte über das eindrucksvolle Landschaftsbild des kleinen Ortes mit der Burgruine, staunte über den Weinbau an den steilen Hängen und staunte über den Tropfen, den man ihm hernach präsentierte. Bundeskanzler Adenauer hielt eine Lobrede auf den Moselwein, er nannte ihn ein »Möselchen«. Ein Möselchen, sagte Adenauer, rege den Appetit an, ein Möselchen beschwinge das Lebensgefühl, ein Möselchen rege die Gedankentätigkeit an, ein Möselchen erzeuge im Körper Wohlbehagen, ein Möselchen fördere den Stoffwechsel. Und wenn kürzlich ein Arzt zu einem Patienten, der ein Moselweintrinker war, gesagt habe, er möge auf die Werte bei Leber und Niere Obacht geben, dann könne er nur sagen, er solle sich das Alter seines Bundeskanzlers ansehen, und es gäbe mehr alte Moselwinzer als alte Ärzte.

»Haben wir was vergessen?« wandte Adenauer sich an Toni Bauer, Winzer und Bürgermeister, der mit Bruder Markus das Hotel Burg Metternich betreibt. »Jawohl, Herr Bundeskanzler«, rief Toni Bauer unter starkem Beifall, »Sie haben vergessen, daß man von unserem Wein ganz schön beschwipst werden kann.«

Maria Magdalena

Nicht die Sonne, sondern die Nachlaßbesprechungen der Adenauer-Kinder brachten es 1967 an den Tag. Die Glorie um Konrad Adenauer verliert ihren Schimmer nicht, wenn man fast zwanzig

Jahre nach seinem Tode von einem Ereignis berichtet, das schon einige Jahre vor dem Tode stattfand. Vielleicht, so meinte man nach Adenauers Tod, hätte das deutsch-französische Vertragswerk, dessen zwanzigjährige Wiederkehr man 1983 feierte, weniger enthusiastische Züge gehabt.

Konrad Adenauer machte Charles de Gaulle also ein Geschenk aus seinem Privatbesitz; es war eine alte Statue der heiligen Maria Magdalena. Da Adenauer nur vage Vorstellungen über den Wert hatte, ließ er Maria Magdalena von zwei vereidigten Schätzern taxieren. Beide Herren kamen zu einem Schätzwert von 45 000,– DM. Adenauer war das die Freundschaft wert, zumal de Gaulle sich schließlich revanchieren mußte. Der General bedankte sich bei Adenauer mit einem Gegengeschenk, das sich unter dem Nachlaß im Adenauerschen Rhöndorfer Garten befand, einer schönen Steinplastik. Nicht dem höheren Prinzip der Gleichwertigkeit zuliebe, sondern um festzustellen, wieviel er de Gaulle wert sein mochte, ließ Adenauer auch diese Plastik schätzen. Die Plastik hatte einen Wert, so ergab sich, von etwa 8000,– DM. Ob es den erbenden Kindern lieb war oder nicht, Adenauer gelang der Satz: »Was? Nur achttausend?«

Ein Botschafter bekam einen Tritt vors Schienbein

Der Botschafter Dr. J. – er ist längst dahingegangen, deshalb kann wenigstens der Anfangsbuchstabe seines Namens genannt werden – vertrat in den fünfziger Jahren die Bundesrepublik in Cuba, jenem Inselstaat der Großen Antillen zwischen dem Golf von Mexiko und dem Karibischen Meer, der seit dem Ende der fünfziger Jahre von Fidel Castro beherrscht wird. Dr. J. bekam eines Tages, es war vor den Tagen Castros, dieses Kabel seines deutschen Botschafterkollegen aus San José in Costa Rica: »Morgen 16 Uhr eintreffen deutsche Journalisten R. S., G. Sch., R. W. und W. H. Airport Havanna. Bitte abholen, diplogerma costarica.« Dieses Kabel war von unmittelbarer Wirkung: Es ließ den Botschafter J., diplogerma havanna, aufschäumen. Gab es denn keine Kinderstube mehr? Er konnte nicht wissen, daß es besondere Gründe waren, die die Journalisten so plötzlich und ohne vorherige Anmeldung einfallen ließen.

Auf dem Flugplatz Havanna stand an jenem Tage ein Chauffeur der Deutschen Botschaft mit unübersehbar böser Miene und ließ die vier Herren, die eben dem Flugzeug entstiegen waren, zweifellos Elemente von zweifelhafter Subsistenz, mit dem gewaltigen Gepäck in sein Automobil einsteigen, einen Borgward mittlerer Größe. Der

Herr Botschafter, so ließ der Fahrer einfließen, sei sehr ungehalten über die Form des Fernschreibens, außerdem: ob die Herren gültige Einreisevisen besäßen, wenn ja, von wem ausgestellt, und der Präsident des Landes, Battista mit Namen, sei kein Menschen-, aber Kommunistenfresser et cetera, et cetera. Die vier Herren, von einem Fahrer empfangen, beschlossen, ihrerseits zu handeln. Zunächst einmal erging im Auto der Beschluß, die Exzellenz weder mit »Herr Botschafter« noch mit »Herr Doktor« anzureden, sondern schlichtweg »Herr J.« zu sagen. Kein Mangel an Respekt sollte ausgedrückt werden, vielmehr besannen sie sich darauf, daß sie gelegentlich pädagogische Aufgaben hatten.

Im Vorzimmer des Herrn Botschafters saß der Botschaftsrat Freiherr von Buddenbrock, der die Aufgabe hatte, die Herren hinzuhalten. Der Herr Botschafter sei noch dabei, sagte der Freiherr, ein wichtiges Fernschreiben zu konzipieren, man möge sich noch einen Moment gedulden. Man geduldete sich zwei, drei, fünf Momente, man geduldete sich zehn, zwanzig, fünfzig Minuten; der Herr Botschafter hatte den Ehrgeiz, es der journalistischen Macht zu zeigen. Es war ausgemacht: diese Herren sollten das Warten lernen.

Die Begrüßung war kühl; die Anrede klappte gut: »Herr J.!« Sprecher der vier, Senior dazu, war Dr. Robert Strobel, einer der angesehensten Bonner Zeitungskorrespondenten. Beinahe wie im

k. u. k. Österreich, seiner Heimat, konnte er Charme entwickeln, aber er ließ dabei Sätze einfließen, die einen CD-Menschen schwer verwunden mußten; zum Beispiel diesen: »Von dem wenigen, was ein Konsul wissen muß . . .« Und dieser verfehlte seine Wirkung nicht: »Wir waren vor sechs Wochen in Washington bei Herrn von Brentano (dem Außenminister) zum Tee. Er wünscht nach unserer Rückkehr nach Bonn einen Bericht über unsere Reiseerfahrungen.« Natürlich spitzte der Botschafter die Ohren, und er müßte kein Diplomat gewesen sein, um so logisch formulierte Sätze nicht sofort zu verstehen. Der folgende Satz Strobels ist dann gewissermaßen in die Geschichte des Bonner Auswärtigen Amtes eingegangen; O-Ton Strobel: »Wissen Sie, Herr J.«, sagte Strobel mit der Gelassenheit, die ihn bei solchen Auftritten auszeichnete, »nützen können wir Ihnen nicht viel, aber ungeheuer schaden!«

Für den Abend lud der Herr Botschafter die vier Durchreisenden zu einem opulenten Abendessen ein. Es war in Ernest Hemingways Stammkneipe in Havanna.

Auch Adenauer, man hatte es ihm brühwarm hinterbracht, gab, drei Wochen nach der Rückkehr der Herren in Bonn, seinen Senf dazu, als er im Presseklub zu Strobel sagte: »Da haben Se aber einen Diplomaten ordentlich vor et Schienbein getreten; dat hat gesessen.«

Strampelhöschen für Frau Mende

Es war kaum zu verstehen, daß den Ansichten unserer Frauen zu dem in Bonn tobenden Kampf so wenig Gehör geschenkt wurde. Er tobte 1962, nach der »Spiegel«-Affäre. Alle wollten alle, jeder jeden umbringen. Es war nicht zu verstehen, daß das Bonner Mannsvolk so wenig Wert auf das begütigende und ausgleichende Wort der Frauen zu legen schien.

Die Gattin eines der Hauptkämpfer in Bonn, Margot Mende, bat um ein geneigtes Ohr. Was sie getan habe, liege außerhalb der christlich-liberalen Kampfzone, und es sei von Frau zu Frau geschehen. Sie ließ wissen, daß sie bei Frau Marianne Strauß, nachdem Ehemann Franz Josef Strauß von der FDP so harte Schläge bezogen hatte und nicht für würdig befunden worden war, daß man mit ihm an einer Tafel speiste, einen Besuch gemacht und für das jüngste Strauß-Töchterchen ein Kleidchen, für die beiden Strauß-Buben zwei Päckchen Katzenzungen mitgenommen habe. Frau Strauß ihrerseits habe dem jüngsten Mende-Sproß vor einigen Monaten ein Strampelhöschen geschickt. So sollte Frau Marianne in diesen Wochen des harten Kampfes von Frau Margot etwas Trost geliefert bekommen; sie wiederhole, so Frau Margot: von Frau zu Frau. Der Klatschbedarf in der Bundeshauptstadt war immer groß; mit Kleidchen und Strampelhöschen erhielt er selbstverständlich neue Zufuhr.

Unsere lieben Frauen flechten und weben — laut Schiller. Warum sollten sie sich also nicht gegenseitig Strampelhöschen und Kleidchen schicken? Es war nicht sehr fein, daß Bundeskanzler Konrad Adenauer vor versammelter CDU/CSU-Fraktion Frau Mendes Besuch maliziös und süffisant ausbreitete. Seitdem bestand die Gefahr, daß gute Taten fürderhin unterblieben. Man hat nie wieder was von ihnen gehört.

Das Abenteuer des Fliegens

Der Flugzeugtyp, den Adenauer bei seinen vielen Flügen am liebsten benutzte, war die seit 1953 sowohl von der Lufthansa als auch von der Luftwaffe geflogene Lockheed »Super-Constellation« L 1049, eine mit vier 18-Zylinder-Motoren mit Abgasturbinenlader versehene Propellermaschine, ein Langstreckenverkehrsflugzeug mit einer Reichweite von 6000 km. Er saß dabei gelegentlich im Cockpit und schaute den Piloten zu, wie sie die Instrumente und Armaturen bedienten und das erregende Abenteuer des Fliegens Wirklichkeit wurde. Als Ende der fünfziger Jahre die schnelleren Düsenflugzeuge aufkamen und die Turboprop-Verkehrsflugzeuge die Propellermaschinen ablösten, blieb Adenauer bei seiner alten, guten Super-Constellation.

Als Adenauer seinen Staatsbesuch in Wien machte, widerfuhr es ihm, daß er beim Landemanöver des Flugzeugs sehr unsanft mit dem Kopf gegen die Decke schlug. Adenauer blutete stark, eine Stewardeß eilte mit dem Verbandskasten herbei und tat das, was nötig war. Durch Bordfunk war die Bodenstelle verständigt, daß sich der Herr Bundeskanzler eben am Kopf verletzt habe und stark blute. Die Aufregung war groß, zumal bei der österreichischen Bundesregierung, die unten angetreten in Reih und Glied auf dem Flugplatz stand. Es war insofern eine Übertreibung, als Adenauer zwar stark geblutet hatte, aber nicht gefährlich verletzt war; er hatte eine Platzwunde am Kopf. Er konnte sich dem österreichischen Bundeskanzler Dr. Julius Raab gegenüber, der ihn am Fuße der Gangway in Empfang nahm, diesen Satz nicht verkneifen: »Als der Hitler kam, ging es unblutiger zu.« Raab, froh darüber, daß es keine Affäre wurde, betrachtete es nicht einmal als abfällige Äußerung. Der Besuch wurde 'ne jroße Erfolg.

Außenminister unter dem Bundeskanzler Raab war von 1953 bis 1959 Leopold Figl, der im Dritten Reich, weil er ein Gegner eines Anschlusses Österreichs an das Deutsche Reich war, mehrere Jahre im KZ saß. In seiner Eigenschaft als Außenminister unterzeichnete er 1955 den Staatsvertrag. Er betrieb auch eine Art Wiedergutmachung der Bundesrepublik an Österreich. Adenauer, mit dem Problem konfrontiert, sagte dies: »Wat, die Östreicher wollen Wiedergutmachung? Denen schicke ich de Jebeine vom Hitler, dann haben se Wiedergutmachung.« Hitler war bekanntlich Österreicher gewesen und in Braunau geboren.

Auf seiner letzten Weltreise 1960 – wieder mit der Super-Constellation – gab es Station in Los Angeles am Pazifik. In einem eleganten Country Club, wohin die Spitzen des Staates und der Wirtschaft Kaliforniens Adenauer und seine Begleitung zu einem Lunch gebeten hatten, saßen Adenauers ältester Sohn Konrad und der Begleitarzt mit acht wichtigen Herren an einem Tisch. Plötzlich wurde Adenauer junior gefragt: »Wie kommt es, daß Ihr Vater, der doch schon im fünfundachtzigsten Lebensjahr steht, noch so vital ist und solche Reisestrapazen durchstehen kann?«

Bevor der Adenauer-Sohn antworten konnte, gelang dem deutschen Arzt diese Antwort, und sie schien dem Medizinmann geradezu zugewiesen: »Im Leben eines Mannes«, sagte er, »spielt die Zeit vom 40. bis 60. Lebensjahr eine besondere Rolle; das ist die Zeit, in der der Mann seine höchsten Leistungen vollbringt.« Der Arzt machte eine kurze Pause, damit es die Herren auch kapierten, dann fuhr er fort: »Auf der anderen Seite ist es die Lebensphase, wo er sich am stärksten verbraucht. Und das war die Zeit, als der Herr Bundeskanzler sich schonte und in Rhöndorf Rosen züchtete.«

In diesem Moment griff der Sohn Konrad ein,

leichte Entrüstung und Ironie im Ton: »Mein Vater war aber schon im achtundfünfzigsten Lebensjahr, meine Herren, als er von den Nazis hinausgeworfen wurde; da hatte er seine höchsten Leistungen also schon hinter sich.«

Von Kalifornien flog man nach Japan mit Zwischenstation auf Hawaii, dem 50. Bundesstaat der USA. Auf dem dortigen Flugplatz Honolulu mußte Adenauer die Front von nicht weniger als vier Ehrenkompanien der amerikanischen Streitkräfte abschreiten, also »großer Bahnhof« mit dem Oberbefehlshaber der amerikanischen Pazifik-Streitkräfte, Admiral Felt, und dessen gesamtem Stab. Dem Musikkorps fiel nichts Besseres ein, als beim Abschreiten der Front den Marsch »Alte Kameraden« zu spielen. Die Ansprachen jeder Zoll auf »Alte Kameraden« abgestimmt. »Alter Kamerad« auch zwei Stunden später beim Lunch bei dem Gouverneur der Insel, einem jüngeren Politiker der Republikanischen Partei.

Die Herzlichkeit war groß und hatte Vollklang. Adenauer, der selbst hier mehr Ansehen genoß, als er annehmen konnte, sagte in seiner Tischrede beim Gouverneur und stand dabei in Tonart und Herzlichkeit nicht Gewehr bei Fuß: »Herr Gouverneur, nun haben wir uns vor zwei Stunden zum erstenmal gesehen, aber es ist mir so, als ob wir uns schon jahrelang kennten. Ich glaube, es kommt daher: Ich bin Jurist, Sie sind Jurist; Sie haben sechs Kinder, ich habe sechs Kinder, und ich glaube, das macht unsere Gemeinsamkeit aus. Ich danke Ihnen und dem Volk von Hawaii.«

Welcher Redner wäre nicht neidisch auf die Kunst des Vereinfachens gewesen.

Im Frühjahr 1957 flog Adenauer – wieder mit der guten, alten Super-Constellation – zum Staatsbesuch in den Iran, das in den späten siebziger und achtziger Jahren so schwer gebeutelte Persien. Nicht der Ajatollah Chomeini, sondern der auch drakonisch regierende Schahinschah Mohammed Reza Pahlevi hatte dort das Heft in der Hand, und seine Frau war die Kaiserin Soraya, die später im Morgenland verstoßen wurde, weil sie dem Kaiser keinen Sohn schenkte, die später im Abendland Kinokassen füllen sollte, was ebenfalls schiefging.

Die Super-Constellation hatte das Mittelmeer, Libanon und Syrien schon hinter sich, und über Bagdad im Irak hatten die Damen und Herren an Bord ihre Morgentoilette gehalten. Adenauer saß mit seiner Tochter Libeth Werhahn in der Kanzlerkabine und hatte sich eben rasiert, als er Felix von Eckardt durch den Mittelgang des Flugzeugs kriechen sah, im seidenen Morgenmantel und auf Pantinen. Trotz seines bunten, modischen Tüchleins in der Brusttasche sah der Bundespressechef etwas wie aus dem Leim gegangen aus. Er konnte mit seinem elektrischen Rasiergerät nicht fertig werden. »Kommen Sie her«, rief Adenauer ihm zu, »jetzt werde ich Sie mal über den Löffel balbieren, aber ohne die neumodische elektrische Rasur.« So kam es, daß Eckardt sich zum erstenmal als von Adenauer eingeseift betrachten konnte.

Auf dem Rückflug von Teheran nach Bonn geschah etwas Unerwartetes. Einer der vier Motoren »stotterte« oder »meckerte«, wie man das in der Fliegersprache nennt. Ein mitfliegender ehemaliger Kriegsflieger, der einen Informationsvorsprung zu haben meinte, brachte Beweismaterial herbei, daß das halb so wild sei, und die Maschine schaffe es auch mit drei Motoren. Der Kommandant der Maschine drückte sie sachte und unauffällig von sechs- auf fünf- und viertausend Meter hinunter. Das Nippen am Sektglas hatten selbst die Staatssekretäre von Eckardt und Globke eingestellt. Die Maschine hätte fast ein Teppichladen sein können, aber es wäre eine Geschmacklosigkeit, das hier zu erwähnen.

Man befand sich auf der Höhe des Armenischen Hochlandes, also ungefähr zwischen der Türkei und der Armenischen Sowjetrepublik, und ganz nahe, über fünftausend Meter hoch, sah man den schneebedeckten Berg Ararat, und es steht schon in der Bibel, daß dort die Arche Noahs gelandet sei.

Das war nun recht etwas für den alten Adenauer, der so viel von der biblischen Urgeschichte noch wußte, daß dort in der Arche – dem Jux waren keine Grenzen gesetzt – ein Vorfahr Eckardts gesessen haben mußte. Aber Adenauer hatte zum Regierungssprecher von Eckardt kaum gesagt, er möge sich mal vorstellen, wir müßten hier notlanden, wie er das kommentieren wolle, da kam der Bordingenieur, der seit einer halben Stunde in der Tragfläche am Motor gewerkelt hatte, zurückgekrochen und meldete Adenauer: »Schaden behoben, Ankunft in Bonn gegen zwanzig Uhr.«

Adenauer tat nun einen seiner berühmten Sätze, und man wußte nun wirklich nicht, war es so oder so gemeint: »Die Situation ist da, Herr von Ekkardt.«

Die ethischen Werte

Aus den Reihen der Freien Demokraten — es war im Bundestagswahlkampf 1961 — tönte es von mal zu mal lauter: Der Alte müsse weg. Also was soll's? Mit den Alten war Adenauer gemeint. Adenauer war schließlich fünfundachtzig Jahre alt.

Der angehende Kölner Bankier Peter von der Heydt Freiherr von Massenbach, dreiundzwanzig Jahre alt, später von 1976 bis 1983 für die CDU Mitglied des Bundestages, war ein Adenauer-Fan, nicht nur, weil er auch ein Kölner war. Von ihm stammt diese Geschichte: Adenauer saß im Auto und fuhr zur Godesberger Stadthalle, um eine Wahlversammlung zu absolvieren. Bad Godesberg gehörte zu seinem Wahlkreis Bonn. Von der Heydt war in dieser Versammlung. Adenauer sprach über das Substantiv Ethik, über die Werte des Sittlichen und Moralischen in der Gesinnung. Und dann donnerte er in den Saal: »Wir müssen wieder werden, wie die Väter einst waren.«

In dem Moment gab es leichte Unruhe, zwei

oder drei männliche Wesen höhnten in den Saal: »Oh, oh, oh!« Da hatte der Redner offenbar einen Nerv getroffen und schickte sofort einen Hammer hinterher: »Ihren Herrn Vater habe ich nicht gekannt«, Betonung auf dem ersten Wort.

Große Heiterkeit im Saal, registrierte Herr von der Heydt. Adenauer konnte sich auf seine Ahnungen verlassen. Die würden ihn nicht wählen.

Ein Lachsbrötchen?

Am Samstag, dem 7. Juni 1958, war im Bonner Generalanzeiger folgendes Inserat zu lesen: »Bonner Souvenirs. Persönlich gezeichnetes Erinnerungsstück an den Herrn Bundeskanzler sowie historischer Federhalter aus dem Besitz des stellv. sowjt. Min.Präs. Mikojan gegen Höchstgebot zu verkaufen. Nur an Liebhaber. Angebote unter B. Z. 9881.«

Gedankenvoll lasen es damals die Bonner. War da ein Witzbold am Werk? War da einer, der in Bonn den letzten Zug verpaßt und eine Nacht, dummes Zeug denkend, im Wartesaal des Hauptbahnhöfchens verbracht hatte? Wollte ein Zugereister der Bonner Langeweile ein Kontra geben? Oder wollte der Zugereiste bekunden, daß in der Welt mehr Schmunzeln sein müsse? Ein vom Herrn Bundeskanzler persönlich gezeichnetes

Erinnerungsstück? Was mochte das sein? Ein vom Herrn Bundeskanzler Adenauer angebissenes Lachsbrötchen mit Zähneabdruck, als Reliquie unter Plexiglas gebracht? Ein Schreiben an Herrn von Brentano mit Loyalitätserklärung? Ein Schreiben an Herrn Dr. Mende, doch bitte nicht umzufallen, und eigenhändige Unterschrift? Ein paar Männchen, gemalt vom Herrn Bundeskanzler in einer nächtlichen Bundestagssitzung? Und Mikojans Federhalter? Wieviel Liebhaber mochten auf die Zeitungschiffre geschrieben haben? Ganz durch Zufall erfuhr man's damals: So wenig Sinn für die Historie zeigten die Bonner: Kein einziges Angebot war eingegangen! Und Jahre danach bekannte sich auch der Urheber: Es war der Zeitungsvolontär Claus Heinrich Meyer gewesen, später zwei Jahrzehnte Schreiber des berühmten Streiflichts der Süddeutschen Zeitung.

Ein Hund starb

Es war in den fünfziger Jahren. Der japanische Botschafter nahm die Unterstützung des AA in einem einzigartigen Fall in Anspruch. Der Hund des Botschafters starb eines natürlichen Todes. Eine belanglose Sache? Es gab einem einen Stoß, als man erfuhr, daß der Botschafter und seine Frau fest entschlossen waren, den toten Hund in ihrer

Heimat beizusetzen. Manch einer hätte gerne gesagt: Sorgen haben die Leute! Aber es dürfte Einverständnis darüber herrschen, daß so nur Leute rohen Gemüts denken. Was die Polizei kundtat, die befragt wurde, war nicht erfreulich. Ein Hundekadaver, sagte sie in ihrer rohen, lieblosen und fast ein wenig beschämenden Bürokratensprache, könne aus Gesundheitsgründen nicht ausgeführt werden. Ein Mann, der das tote Tier hätte einbalsamieren können, war nicht aufzutreiben. Nach einigen Tränen der Botschaftergattin erklärte sie sich mit der Einäscherung einverstanden. Aber dann stellte sich heraus, daß kein Krematorium Hunde verbrennen darf. Nach vielen Telefonaten gelang es schließlich, einen Abdecker ausfindig zu machen, der bereit war, den Hundeleichnam zu verbrennen und die Asche einem verschlossenen Tonkrug anzuvertrauen. Der Tonkrug ging über die Meere, ein Tränenkrüglein daneben, in dem die Tränen der Frau Botschafterin mitreisten.

Adenauer erfuhr die Sache vom japanischen Botschafter selbst, als der ihm seinen Abschiedsbesuch machte. Er wisse, sagte Adenauer, was ein Tier einem Menschen bedeuten könne und umgekehrt ein Mensch einem Tier, er habe selbst einen Hund, den Boxerrüden »Brando«.

Das Aha-Erlebnis

Ein hessischer CDU-Abgeordneter, der 1957 in den Bundestag kam – der Name tut nichts zur Sache –, gebürtig im Hohen Westerwald, wo es am protestantischsten ist, erstes und zweites Theologieexamen, medizinisches Staatsexamen und Promotion, Mitgründer der CDU in seiner Kreisstadt, Fraktionsvorsitzender im Kreistag, hessischer Landtag, Oberarzt in der Psychiatrie, schließlich Landesobermedizinalrat und Mitglied des CDU-Bundesvorstandes, 1961 – merkwürdig genug – Vorsitzender des Bundestagsausschusses für Kulturpolitik und Publizistik, ein überall geachteter Mann, wurde von Adenauer gefragt, als er hörte, daß er, wie man im Rheinland sagt, Arzt in einer »Klapsmühle« sei, also einer Nervenheilanstalt, welche Belastungen sich für einen ergäben, der sich mit solchen Leuten befassen müsse. Der Abgeordnete, ohne langes Überlegen, sagte kurz und bündig, wer das zehn Jahre mache, habe selber einen Defekt.

Adenauer: »Wie lange machen Sie das?«

»Zwölf Jahre«, kam die Antwort.

Es war eines der wenigen Aha-Erlebnisse Adenauers, denn er sagte nur: »Aha.«

Die knitzen Schwaben

Das Wort, Kurt-Georg Kiesinger sei ein exotischer Vogel, der in die württembergischen Amtsstuben geflattert sei, fand 1958 in den Stuttgarter Landtagswandelgängen viel Anklang — Kiesinger war von Bonn nach Stuttgart zurückgekehrt — wie 1967 das dem damaligen Verteidigungsminister Schröder zugeschriebene Wort, Kiesinger sei ein alternder Burgschauspieler. Aber die Charakterisierung der Großen und Echten in der Politik litt immer etwas unter Vorurteilen. Reinhold Maier sagte dann damals spitz: »Herr Kiesinger ist ja gerade rechtzeitig aus Bonn zurückgekehrt, bevor er das Schwäbische völlig verlernt hat. Aber wir werden ihm die richtigen schwäbischen Stiefel wieder verpassen.«

Wenn man im Stuttgarter Landtag die Büsten der Landesväter Reinhold Maier, Gebhard Müller und Kurt-Georg Kiesinger, aber auch noch von Lothar Späth nebeneinandergestellt hat — Filbinger ist nicht vergessen —, wird man in der Tat das Standbild Kiesinger etwas anders sehen müssen. Maier, Müller und Späth wird man unbedenklich zu den »knitzen« Schwaben zählen müssen; sie gehören zu den Sparsamen, wenn man die schwäbische Form der Sparsamkeit nicht Geiz nennen will. Kiesinger war das Gegenteil.

Ein Staat, der sich darstellen wolle, müsse Staat machen, war Kiesingers Losung. Er dachte an den

Repräsentationsfonds oder genauer an den Titel des Haushaltsplans: »Besondere Aufwendungen der Landesregierung bei dienstlichen Anlässen«. Als Kiesinger 1958 als Ministerpräsident nach Stuttgart kam, belief sich dieser Etattitel auf 85 000 DM. Als Kiesinger ihn sofort auf 160 000 DM erhöhte, gab es keine Zurückhaltung in Leitartikeln und beim Bund der Steuerzahler, den ein pensionierter Regierungsrat vertrat.

»Unser Land Baden-Württemberg«, donnerte Kiesinger im Landtag, »ist das zweitgrößte Industrie- und Wirtschaftsgebiet in der Bundesrepublik und ein Land mit weltweiten Exportverbindungen. Es kann sich nicht der Pflicht entziehen, gegenüber prominenten in- und ausländischen Gästen eine gewisse Repräsentation zu pflegen.«

Die Schwaben in ihrem Sparsamkeitswahn waren für das Bonner Auswärtige Amt lange Jahre das schrecklichste. Es war weiterhin kein Malheur, wenn man Baden-Württemberg bei Staatsbesuchen aussparen mußte, aber die Regierung in Stuttgart wußte nicht, welchen Tort sie sich selbst antat. Als man einer wichtigen ausländischen Delegation, die von der Bundesregierung betreut wurde, ein Mittagessen für sage und schreibe 2,90 DM pro Person vorsetzte, platzte den Bonnern der Kragen. Sigismund von Braun, der Bonner Protokollchef, tat den Satz: »Schluß jetzt, nach Stuttgart schicken wir keinen Staatsbesuch mehr.« Auch der Schwabe Heuss, der Bundespräsident, schüttelte den Kopf über seine Landsleute, und von Adenauer ist der Lapidarsatz überliefert: »Was zuviel ist, ist zuviel.« Freilich hat sich das in den 70er und 80er Jahren, als die Ministerin Annemarie Griesinger baden-württembergische Bevollmächtigte in Bonn war, geändert. Ihr Charme und ihre Tüchtigkeit waren der bedeutendste Stuttgarter Exportartikel in der Bundeshauptstadt. Baden-Württemberg war unter ihrer Herrschaft nicht wiederzuerkennen. Ihr Gesicht sah nie nach Staatstrauer aus.

Golo Mann erzählt

»Zwölf Versuche« ist der Titel eines Buches, das Golo Mann 1973 herausbrachte. Es sind Essays über Max Weber, Kurt Hahn, Russell, Heine, Büchner und andere. Und Konrad Adenauer. Bei Adenauer sind es Tagebuchaufzeichnungen aus dem Jahre 1966, nach einem Besuch in Cadenabbia.

Es gab Tee. Und es dauerte drei Stunden. Golo Mann: »Die Farbe des Gesichts Adenauers wächsern, der Mund eingefallen. Die Augen über und hinter schwer hängenden Säcken, eher klein, blaß und in die Ferne blickend. Eine ganz leichte Ähnlichkeit mit der letzten Fotografie Metternichs: das Porzellan-Zarte des höchsten Alters, der ferne Blick. Das Lachen oder Lächeln sehr liebenswürdig, verschmitzt, das Gesicht in wohlige Falten zerknitternd.«

Zur Freundschaft mit de Gaulle. Adenauer: »De Gaulle kann ganz gut Deutsch. Aber wissen Sie, was er jetzt macht? Er lernt die Namen aller russischen Städte richtig aussprechen, die er besuchen wird. So einer ist er. Er wird auch Stalingrad besuchen, es heißt jetzt ja wohl anders. Das wird man ihm in Deutschland übelnehmen, aber übelnehmen kann ich es ihm eigentlich nicht.«

Bemerkungen Adenauers über seine Mitarbeiter. Daß er Erhard geringschätzte und zutiefst nicht leiden konnte, wußte ich und fand es bestätigt. Seit Erhard Kanzler sei, habe er ihn überhaupt niemals um Rat gefragt, höchstens zwei- oder dreimal beim Hinausgehen in völlig gleichgültiger und wegwerfender Art. Früher habe er Erhard einmal gefragt, ob dieser wohl gekränkt wäre, wenn er nicht sein Nachfolger würde? Erhard: »Gekränkt? Es ist mein Recht, Ihr Nachfolger zu werden!«

Adenauer: »Ich habe vieles auf dem Gewissen, zum Beispiel diesen Schröder ... Und dann den von Hassel. Sehen Sie, der Strauß hatte sich als Verteidigungsminister wie ein junges Füllen benommen und die Generale ständig vor den Kopf gestoßen. Ich mußte immer einen Eklat befürchten. Wie ich nun einen Nachfolger für Strauß brauchte, war da der von Hassel. Er hat unleugbar gute Manieren, ein sehr urbaner Mann, und sein Schleswig-Holstein hat er ja auch recht gut verwaltet. Na und nun ist er in die Hände von McNamara gefallen. Und Sie wissen, McNamara ist heute der mächtigste Mann in Amerika.« – »Halten Sie das für ein Glück?« – »Aber der von Hassel ist völlig in den Händen von McNamara. Unlängst hat er den letzten Groschen seines Budgets für Waffenkäufe in Amerika gebunden. Und de Gaulle war so viel daran gelegen, daß Deutschland und Frankreich zusammen Waffen fabrizieren und Waffen gegeneinander austauschten.«

Golo Mann: »Von ein paar amüsanten Bemerkungen über Persönlichkeiten abgesehen, hatte er wenig eigentlich Originelles gesagt, manches schlecht Unterrichtende, manches Vereinfachende ... Das Problem des Trinkens beschäftigte ihn offenbar. Zu Strauß habe er einmal gesagt: ›Herr Strauß, versprechen Sie mir, nach ein Uhr nachts nichts mehr zu trinken. Wenn man nach ein Uhr nachts trinkt, so sagt man Dinge, die sich herumsprechen und die man später bereut.‹ Strauß habe ihm dann versprochen, nach Mitternacht nichts mehr zu trinken.«

Golo Mann vergaß diese Anekdote, sie ist verbürgt: General de Gaulle zeigte sich voller Bewunderung für die Ausdauer des Kanzlers bei den Gesprächen: Er könne stundenlang dasitzen, ohne sich zu rühren, bis auch der letzte seiner Opponenten kapituliert habe. »Schauen Sie«, antwortete der Alte, »ich habe in diesem Land einen Spitznamen. Man nennt mich den Kanzler mit der eisernen Blase.«

Den Handstand machen

Adenauer, im Gegensatz zu Theodor Heuss und Helmut Schmidt, haderte nie mit den Pressefotografen; im Gegenteil, wo er konnte, ließ er sich in einen Jux mit ihnen ein. Ungezählte »Türken« konnten die mit ihm bauen. »Bitte lächeln, Herr Bundeskanzler!« Und er lächelte. »Bitte noch mal Shakehands, Herr Bundeskanzler!« Und er ergiff schon wieder die Hand seines Partners. Bitte nach links schauen, bitte nach rechts schauen, bitte ohne Hut, bitte mit Hut. Die Fotografen, Wochenschau- und Fernsehmänner aller Längen- und Breitengrade erklärten übereinstimmend, daß Adenauer ihr angenehmstes und bestes Objekt gewesen sei. Sie hatten ihn wieder in allen Stellungen und Posen aufgenommen, von oben, von unten, en face, im Profil, lächelnd und weinend; dann sagte er: »Meine Herren, is et jetzt jut, oder soll ich noch den Handstand machen?«

Weiblicher Akt

Bundespräsident Heinrich Lübke beendete 1963, kurz vor Adenauers Rücktritt, eine strapaziöse Fernostreise. Er brachte, wie es bei Staatsoberhäuptern üblich ist, Geschenke, und er empfing Geschenke. Geschenke erhalten nicht nur die

Freundschaft, Geschenke bringen auch Ränke, wie es im Sprichwort heißt. Aber ein Jupiter selbst wird durch Geschenke versöhnt. Einer der Beschenkten war der indonesische Staatspräsident Achmed Sukarno, der 1971, von seinem Nachfolger General Suharto in die Verbannung geschickt, starb. Sukarno war dank seiner charismatischen Ausstrahlungskraft sehr angesehen, aber auch sonst ein munterer Herr mit sehr viel Charme, den Frauen besonders zugetan, wie sich herumgesprochen hatte. Auch von seinem Besuch in Bonn erzählte man sich einiges. Sukarno gehörte dem Islam an, verfügte über vier ihm angetraute Frauen und hatte zahlreiche Kinder.

Das Auswärtige Amt hatte sich als Geschenk des Bundespräsidenten etwas Schönes ausgedacht. Es konnte nichts Anstößiges sein, wenn man dem indonesischen Staatspräsidenten eine schöne Frauenplastik von Fritz Klimsch schenkte, jenem berühmten deutschen Bildhauer, der vor allem weibliche Aktfiguren in neuklassischem, den rhythmischen Umriß betonenden Stil schuf. Von Zeigefingermoral seien wir weit entfernt. Hier, so sagte sich das AA, sollten Sittlichkeit und Unsittlichkeit und die Quadratflächen unbedeckten Fleisches nicht mit dem Zentimetermaß gemessen werden. Hans-Dietrich Genscher war noch nicht, aber Gerhard Schröder war damals als Außenminister mitgereist. Ein Klimsch-Akt also konnte nicht unanständig sein. Sukarno, fernöstlicher Frauenverehrer, zeigte ein feines Schmunzeln um den Mund, als ihm der Bundespräsident die Klimsch-Plastik überreichte.

Adenauer lieferte im nachhinein ein Quantum Problembewußtsein, und er protzte wie üblich nicht mit Worten, sondern sagte diskret zu Lübke: »Ich hab' gehört, Sie haben dem Sukarno 'ne schöne Figur geschenkt. Da hat er sich doch sicher gefreut.«

Etzel, Dahlgrün und die Spesenzettel

Vom Mißbrauch und vom groben Unfug der Spesenzettel hatte bereits der erste Finanzminister der Republik, Fritz Schäffer, drastische Beispiele erzählen können. Schon Schäffer hatte erfahren, daß es zur Menschennatur gehört, dem Finanzminister möglichst ein Schnippchen zu schlagen. Später gaben auch die Finanzminister Etzel, Dahlgrün und Strauß, Möller, Schmidt, Apel, Matthöfer, Lahnstein und Stoltenberg Erfahrungen auf diesem Gebiet zum besten. Auch sie erlebten die Misere der Spesenzettel. Für Adenauer war sie in vielen Kabinettssitzungen ein Grund heiteren Amüsements.

Franz Etzel, von 1957 bis 1961 Finanzminister,

saß an einem Sonntagnachmittag mit einigen Familienangehörigen in einem Café in Lübeck. Als die Bedienerin fragte, ob ein Verzehrzettel gewünscht werde, selbstverständlich nicht mit dem Sonntagsdatum, wurde Etzel unvermutet mit seinen eigenen Erlassen konfrontiert. Die Überraschung war nicht besonders groß, denn so weltfern ist auch ein Finanzminister nicht. Aber Etzel unterließ es nicht, beim Verlassen des Cafés der verdutzten Bedienerin zuzuflüstern: »Fräulein, wegen des Spesenzettels vorhin: Ich bin der Bundesfinanzminister.«

In einer Autobahnraststätte bei Hannover kaufte sich ein Durchreisender eine Schachtel Pralinen. Man hätte seiner Frau, seiner Braut oder wem auch sonst ungeschmälerten Genuß wünschen mögen. Aber der Käufer, ein Stück deutscher Steuerwirklichkeit, bat die Verkäuferin um eine Rechnung, nur möchte sie, sie wisse schon Bescheid, statt »Pralinen« »Zigarren« vermerken. In diesem Augenblick tippte dem Käufer jemand von hinten auf die Schulter und sagte: »Vorsicht, der Bundesfinanzminister steht hinter Ihnen.« Es war Rolf Dahlgrün, von 1962 bis 1966 Chef des Finanzressorts unter Adenauer und Erhard.

Ein Kaufmann fuhr eines Tages mit der Bundesbahn und vertraute sich dem Speisewagen an. An seinem Tisch nahm bald ein korrekter, etwas diskret wirkender Herr Platz. Beide Männer waren indessen freundlichen Gemüts, kamen bald ins

Gespräch, und die ganze Perspektive der miserablen wirtschaftlichen Lage hatte der Kaufmann seinem Gegenüber schnell klargemacht. »Bitte«, sagte schließlich der Kaufmann zu seinem Gegenüber, »bitte fassen Sie's nicht falsch auf; darf ich mir erlauben, Sie zum Mittagessen einzuladen?« Und der Kaufmann fuhr fort: »Nämlich, wenn ich einen Spesenzettel habe, worauf steht ›zwei Mittagessen‹, dann wird er vom Finanzamt anerkannt als Bewirtung von Geschäftsfreunden; wenn nur ein Mittagessen draufsteht, erkennt ihn das Finanzamt nicht an.« Über das Teufelswerk der Spesenzettelmanipulation hätte der korrekte und diskrete Herr von Gegenüber am liebsten lauthals gelacht, aber er beließ es bei einem stillen Schmunzeln und dem Satz: »Ich muß Ihnen leider einen Korb geben, ich bin nämlich der Einkommensteuer-Referent im Bundesfinanzministerium.«

Keine Diskussion in einer Kabinettssitzung mit Kanzler Adenauer war so ergiebig an Amüsement wie die über solche Themen. Adenauer hätte danach immer gerne einen Schnaps getrunken, so in sich hinein, obwohl er nie Schnaps trank. Außen vor, wie die neudeutsche Sprache sich ausdrückt, stand immer einer und grinste mit, wenn die Finanzminister die Kniffe und Winkelzüge der Geschäftsleute zum besten gaben. Der Tag lasse sich recht gut an mit so schönen Geschichten, pflegte Adenauer zu sagen.

Die Schutzmittel

Dem Bundeskabinett gehörte von 1953 bis 1962 Franz-Josef Wuermeling als Bundesminister für Familie und Jugendfragen an. Im Plenum des Bundestages ging es 1958 die Pille war noch nicht erfunden, um den Verkauf gewisser Artikel aus gewissen Automaten zu gewissen Zwecken. Prägnanter könnte man die gewissen Artikel wohl, doch nicht diskreter, dem Leser deutlich machen. Vertreter aller Fraktionen unterließen es aus Taktgefühl, den gewissen Artikel zu erwähnen. Schon in einer Ausschußsitzung hatte der Vorsitzende, als das Thema beraten wurde, die anwesende Ausschußsekretärin gebeten, für einen Moment den Raum zu verlassen. In der Plenarsitzung ging der Minister Wuermeling in den Ring, er bestieg gründlich präpariert das Rednerpodium des Plenums. Auf einer Tribüne saßen etwa 180 Jugendliche. Er sei, sagte er, gegen Schutzmittelautomaten, und dann kam – er bemerkte das Paradoxon nicht – sein Schlußsatz: »Es sollte unser wichtigstes Anliegen sein, unserer Jugend den Schutz, auf den sie Anspruch hat, nicht zu verweigern.« Er meinte aber, wie gesagt, man solle die Schutzmittelautomaten verbieten. Als er von der Rednertribüne herunterkam, stupste ihn Bundeskanzler Adenauer an und entließ folgende seiner berühmten intellektuellen Luftblasen: »Herr Wuermeling, war dat nit ne Lapsus?«

Der Mann aus Argentinien

Der argentinische Politiker Arturo Frondizi, Rechtsanwalt, unter Peron wiederholt in Haft, 1958 als Kandidat der Intransigenten Radikalen mit den Stimmen der Peronisten Staatspräsident, weilte 1960 vier Tage zum Staatsbesuch in der Bundesrepublik. Er habe sich auf der Reise nach Deutschland, so erzählte er Adenauer, mit zwei deutschen Philosophen, Kant und Hegel, beschäftigt, mit dem Kritizismus und der »reinen Vernunft« des einen und der »Einheit von Sein und Denken« des anderen. Adenauer verstand von beiden nicht viel. Er sei betroffen, als er gehört habe, sagte Frondizi, daß Kants Geburts- und Sterbestadt Königsberg jetzt sowjetisch sei und Kaliningrad heiße. Woher solle er das auch wissen, sagte er zum Bundeskanzler. Ja, sagte Adenauer doppel- und feinsinnig, auf Hitler und Peron anspielend, es mache keinen Spaß, von einem Diktator eine Erblast zu übernehmen. Zwei Jahre danach wurde Frondizi von einer Militärrevolte wieder gestürzt; in den siebziger Jahren starb er.

Fremdwörter sind Glückssache

Der Bäckermeister Clemens Riedel aus Frankfurt, CDU-Bundestagsabgeordneter, bemerkte 1959 den Widerhaken in seiner Rede erst, als er nach einer Sitzung des Bundestagsausschusses für Ernährung, Landwirtschaft und Forsten den Raum verließ und ihn ein Fraktionsfreund freundschaftlich beim Ärmel faßte und ihm sagte: »Du, Fremdwörter sind Glückssache!« Riedel hatte im Ausschuß den Satz getan: »Die Einfuhren aus Holland sind für uns keine ›Quantität negligé‹.« Er hatte »Quantité négligeable« gemeint, eine Größe, die nicht berücksichtigt zu werden brauche. Adenauer, der große Vereinfacher: »Sprechen Se Deutsch, Herr Riedel, dann passiert so wat nit.«

Etwas über Bischöfe

Die Chorknaben der Benediktinerabtei St. Mauritius aus Tholey an der Saar unter ihrem Pater Maurus Sabel haben zu Ehren Konrad Adenauers oft gesungen, am Bundeskanzleramt und in Rhöndorf. P. Maurus lobte den produktiven Geist, mit dem der alte Bundeskanzler das Geschehen um sich stets kommentierte. Die Reise von der Saar in die Bundeshauptstadt war für den Knabenchor immer eine Art Vergnügungsreise. Bei einem Familienfest in Rhöndorf waren einige junge Theologen mit von der Partie, Studienkameraden des Adenauer-Sohnes Paul. Die Konfratres unterhielten sich mit Konrad Adenauer über die Haltung der Kirche im Dritten Reich. Die Meinung war nahezu einmütig: Die Bischöfe seien viel zu nachgiebig und zu schwach gewesen. Auch der alte Adenauer unterließ es nicht, gewissermaßen Farbe zu bekennen und seine Meinung beizusteuern: »Dat ist auch kein Wunder, die starken Männer werden selten Bischof, denn die müssen drei Gremien gefallen: der Kurie in Rom, dem deutschen Staat und dem Domkapitel; und wer wählt von denen einen starken Mann? Starke Männer haben es nämlich an sich, dat sie mitunter unangenehm werden. Und meinen Se, dat wollte einer auf sich nehmen?«

Für den Frieden der Welt

Er hätte es beim »kühn« belassen sollen. Aber er steigerte seinen Schwindel zum Komparativ: kühner; in Bonn, wo er bei Bundespräsident, Bundeskanzler und allen Ministern aufkreuzte, sogar zum Superlativ: am kühnsten.

Es war Anfang 1952. Hugo Max Kühner, 45 Jahre alt, in Frankfurt beheimatet, wurde in Düsseldorf von der Polizei festgenommen. Er hatte die Sache mit dem Unterschriftensammelband erfunden, einem riesenhaften Wälzer, auf dessen Deckel stand »Pro pace mundi« (Für den Frieden der Welt). Wer würde nicht freudig seinen bejahenden Kugelschreiber zücken und mit dem kühnen Schwung der Zustimmung bekräftigen, was H. M. Kühner dem »Friedenswerk« der UNESCO zu widmen sich erkühnte. Selbst die drei Hohen Kommissare McCloy, Robertson und François-Poncet bestätigten mit ihrer Unterschrift den prägnanten Ausruf dieses Frankfurter Pfiffikus.

Der reiste wacker und hurtig landauf, landab, von Presse und Rundfunkmikrofonen applaudiert, und im Anhänger seines Wohnwagens ruhte der Wälzer, der täglich neue gewichtige Namenszüge empfing. Der H. M. Kühner sonnte sich nicht umsonst im warmen Winde hoher und höchster staatlicher, politischer und diplomatischer Prominenz und Repräsentanz.

Aber nur der Tod ist umsonst. Der Pfiffikus

wollte leben. Wer nimmt es ihm übel, daß er sich mit Empfehlung von Handelskammerpräsidenten und -syndici an die Kapitäne von Handel und Wirtschaft heranpirschte. Die ließ er für das Recht, sich neben hohen und höchsten Herrschaften einzeichnen zu dürfen, tief in den Säckel greifen. Er machte Geschäfte mit der menschlichen Eitelkeit. Der Pfiffikus Kühner kassierte in einem Jahr mehr als hunderttausend Mark. Er erschwindelte sie sich, wie sich die Düsseldorfer Polizei lapidar und unfreundlich ausdrückte.

Bewandert in der Kenntnis der menschlichen Natur, lächelte Konrad Adenauer vergnügt-versonnen: Hunderttausend Märkchen – pro pace mundi! Auch er hatte unterschrieben.

Das Bundeswirtschaftsministerium wußte es

Niemand in der pfälzischen Schuhstadt Pirmasens wagte zu hoffen, daß der sowjetische Ministerpräsident Chruschtschow einmal ein so hervorragender Propagandist für die Pirmasenser Schuhe werden würde. Kaum ein Fernseher rund um den Erdball hat Chruschtschows dramatische Schuhszene nicht in der Erinnerung behalten, die er 1960 in der Vollversammlung der Vereinten Nationen in

New York zelebrierte. Schimpfend, gestikulierend, mit den Fäusten drohend, schließlich der abrupte Griff zu einem seiner Schuhe, und dann die Drohung mit dem Schuh gegen das UN-Präsidium. Das war das tollste Stück, das Chruschtschow, der einige Jahre danach abgehalftert wurde, geliefert hatte.

Nun geschah es, daß ein Schuhfabrikant aus Pirmasens jene Fernsehübertragung, später ein Foto des besagten Schuhs, der da so sehenswert und sensationell auf dem Tisch stand, in einer Illustrierten sah. Es war kein Zweifel: Der Schuh war in seiner Fabrik hergestellt worden! Er erkannte ihn an der Eigenart der Form und dem regenwurmartigen Wulst zwischen Oberleder und Sohle. Das Phänomen, wie Chruschtschow zu diesem Schuh kam, ließ sich bald über das Bundeswirtschaftsministerium aufklären. An die Sowjetunion waren 30 000 Paar Schuhe aus der Bundesrepublik geliefert worden, vom stabilen Arbeitsschuh bis zum stabilen Halbschuh. 2000 Paar gute Halbschuhe waren darunter; eins davon war an Chruschtschow geraten. Adenauers abgesonderte Sprechblase: »Sehn Se!« An Felix von Eckardt war sie gerichtet.

Das menschliche Gehirn

Sonderzüge bei Bundestagswahlen sind nichts Neues. 1957 reiste Adenauer mit einem Zug der Bundesbahn durch die Lande; auch einige Journalisten reisten mit. Eines Abends, als man im Sonderwagen noch beieinander saß, sagte ein Journalist unverschlüsselt: »Herr Bundeskanzler, Sie sind jetzt doch einundachtzig Jahre alt; und wenn Sie wieder Kanzler werden und die vier Jahre der Legislaturperiode durchhalten, werden Sie fast sechsundachtzig Jahre alt sein, ist das nicht ein bißchen anstrengend?«

»Aber wieso?« entgegnete Adenauer, »Papst Leo XIII. wurde zu seinem neunzigsten Geburtstag von den Mitgliedern des Diplomatischen Korps beglückwünscht; der Doyen äußerte dabei die Hoffnung, der Papst möge in der gleichen Frische auch noch das hundertste Lebensjahr erreichen. Leo XIII. meinte daraufhin: ›Aber meine Herren, warum schätzen Sie die Barmherzigkeit Gottes denn so niedrig ein?‹«

Man sprach über die geistige Leistungsfähigkeit: Adenauer erläuterte, das Gehirn sei »der wichtigste Körperteil des Menschen«; die Wissenschaft habe festgestellt, »daß das menschliche Gehirn bis zu hundertdreißig Jahre funktioniert, und stellen Sie sich mal vor, sogar bei ganz normalen Menschen«.

Im Vorbeigehen, 1961, sagte er zum CDU-

Abgeordneten Gerd Bucerius, der von einer beneidenswerten Forschheit war, mit der er dem Alten auf die Nerven ging: »Lieber Herr Bucerius, in meinem politischen Alter ist mit meinem Ableben nicht mehr zu rechnen.«

Als Adenauer das unaussprechliche Wort diktieren mußte und Profittlich zu Kreuze kroch

Der Studienrat Dr. Georg Kliesing aus Bad Honnef, von 1953 bis 1972 direkt gewählter Abgeordneter des Bundestages für den Rhein-Sieg-Kreis, langjähriges Mitglied der Beratenden Versammlung des Europarates und der Versammlung der Westeuropäischen Versammlung, dort von 1961 bis 1966 Vorsitzender des Verteidigungsausschusses; in beiden Versammlungen seit 1968 Vorsitzender der christlich-demokratischen Fraktion, langjähriger Vizepräsident, 1963 bis 1964 Präsident der NATO-Parlamentarier-Konferenz, von Adenauer befragt, als 1962 Strauß als Bundesverteidigungsminister gehen mußte, ob er dessen Nachfolger werden möchte, bekam, mit Datum vom 26. Mai 1953, folgenden Brief des Bundeskanzlers, der hier zum erstenmal das Licht der Öffentlichkeit erblickt:

Sehr geehrter Herr Studienrat!

Vor einiger Zeit traten der Hauptlehrer Möller, Rhöndorf, und Herr Heinen, Rhöndorf – wie sie schrieben, im Namen vieler Rhöndorfer Bürger –, an mich heran mit der Bitte, Schritte dagegen zu tun, daß das Projekt des Baues einer Sesselbahn auf den Drachenfels von Rhöndorf ausgeführt werde. Ich habe mich darauf an Herrn Bürgermeister Mölbert gewandt und von ihm gehört, daß die CDU-Fraktion in Honnef sich mit einer großen Mehrheit für das Projekt ausgesprochen habe aufgrund einer Anfrage, die der Oberkreisdirektor in Siegburg auf Veranlassung des Regierungspräsidenten in Köln an die Stadt Honnef gerichtet hat. Vor zwei Jahren hat sich die CDU-Fraktion mit Entschiedenheit gegen den Bau einer solchen Bahn ausgesprochen. Ich persönlich würde den Bau für eine Verschandelung des Siebengebirges halten, für eine Verschandelung insbesondere auch des Löwenburger Tales. Man sollte nach meiner Meinung alles tun, um das Siebengebirge zu retten vor den sogenannten Fortschritten unserer Zeit. Der Bau der Bahn liegt in keiner Weise im Interesse Rhöndorfs, sondern lediglich im Interesse zweier Wirtschaften, insbesondere der des Herrn Profittlich, die beide am Ausgangspunkte der Bahn in Rhöndorf liegen würden. Herr Profittlich betreibt, soviel ich weiß, auch mit aller Energie das Projekt.

Herr Bürgermeister Mölbert sagte mir, daß die Stadt Honnef Einnahmen haben werde und daß die

CDU-Fraktion nicht mehr gut zurückkönne. Es wird mir nun von dritter Seite nahegelegt, Schritte zu tun, damit die CDU-Fraktion überhaupt keine Entscheidung zu treffen braucht.

Ich möchte dazu folgendes bemerken: Bestimmt war es einem Teile der CDU-Fraktion bekannt, daß ich mich seinerzeit schon mit Entschiedenheit gegen das Projekt ausgesprochen habe. Ich bin der Auffassung, daß die CDU-Fraktion aus sich heraus, ehe sie einen Entschluß gefaßt hat, an mich hätte herantreten sollen mit der Frage, wie ich nunmehr zu dem Projekt stünde. Das hat sie nicht getan, obwohl ich Vorsitzender der CDU und Ehrenbürger der Stadt Honnef bin. Ich sehe von meiner Eigenschaft als Bundeskanzler ab, obgleich auch diese Eigenschaft immerhin eine gewisse Berücksichtigung gefordert hätte.

Ich habe den Eindruck, daß Herr Profittlich einen viel zu großen Einfluß ausübt. Sie werden, wenn Sie sich erkundigen, hören, welche bedeutende Rolle er in der nationalsozialistischen Zeit gespielt hat. Ihnen als dem Vorsitzenden der CDU Honnef möchte ich heute folgendes sagen:

Vor stark einem Jahr verlangte Profittlich, der Vorsitzender der Schützengesellschaft ist, von mir, daß ich abends in sein Zelt käme. Selbstverständlich war dabei seine Triebfeder, ein Geschäft zu machen. Ich habe das abgelehnt. Er war darüber so wütend, daß er meinem Sohn Georg und dem in unserer Nähe wohnenden Kurt Hackenbroich gegenüber auf der Straße erklärt hat, ich sei ein Arschloch, das solle man mir sagen, das sage er, Peter Profittlich aus Rhöndorf. Leider habe ich erst gestern davon gehört, sonst würde ich Ihnen schon früher davon Mitteilung gemacht haben. Ich nehme an, daß Profittlich Mitglied der CDU ist, und bitte, die nötigen Schritte gegen ihn zu tun.

Ich finde es einmal unerhört, daß er etwas Derartiges erklärt, und eine krasse Unverschämtheit, daß er das einem Sohn von mir erklärt.

Mit freundlichen Grüßen Ihr ergebener
gez. Adenauer

Mit Schreiben vom 28. Mai 1953 antwortet Peter Profittlich:

Sehr geehrter Herr Bundeskanzler,

Herr Dr. Kliesing bestellte mich gestern zu sich und gab mir Mitteilung einer Beschwerde, die Sie, Herr Bundeskanzler, gegen mich führten. Ich war von dem Inhalt völlig überrascht und begreife Ihre große Empörung, bitte aber inständigst, mir nicht für übel zu nehmen, was ich im Impuls sagte, denn dies entspricht nicht einer Spur von Bösartigkeit. Ich stelle absolut nicht in Abrede, daß ich zu Ihrem Sohn Georg einen Tag nach dem Schützenfest sagte, wie er mich fragte: Na, wie war das Schützenfest?, daß ich ihm zur Antwort gesagt haben kann: Sag dingem Vatte er wär en A.loch dat de net mol fönf menute zu uns komme eß denn dat wär herrlich geweß. Wenn ich dies gesagt habe, dann, sehr lieber Herr Dr., dann doch nie und niemals als Beleidigung, sondern vielmehr in dem Sinne, daß ich mit Ihrer Person angeben wollte und ein Besuch von Ihnen meinen Schützen ein einmaliges Erlebnis wäre. Ich gebe hiermit die heiligste Versicherung, daß mir irgendeine Beleidigung oder auch nur eine Mißachtung Ihrer Person fernlag, und bitte vieltausendmal um Entschuldigung für diese meine Äußerung. Wenn Sie, sehr verehrter Herr Dr., in dieser Sache noch einen Wunsch haben, werde ich diesen bedingungslos erfüllen, da mir ja jede Beleidigung fernlag, ich würde ja auch nie Ihrem Sohne gegenüber seinen Vater kränken. Ich habe die Hoffnung, sehr geehrter Herr Dr., daß Sie überzeugt sind von der Wahrhaftigkeit meiner Ausführungen und mir nichts nachtragen werden, und ich werde von mir aus absolutes Stillschweigen bewahren. Es liegt doch vielleicht in der augenblicklichen Antragerei meiner Person durch einen Kreis Rhöndorfer Bürger, der mit meinem Handeln nicht einverstanden ist, bei Ihnen ein gewisser Grund vor, ich gebe Ihnen aber auch hier die Versicherung, daß ich nichts Böses tue.

Mit dem Ausdruck meiner ganz besonderen Hochachtung bin ich Ihr stets ergebener
       gez. Peter Profittlich

Bäckermeister Profittlich war eines jener rheinischen Originale, die das Herz auf der Zunge tragen, gerne die eigene Trompete blasen und nie auf

Wirkung verzichten. Sein Nachbar Adenauer war für ihn kein Reiterstandbild, auch wenn er Bundeskanzler war. Adenauer seinerseits war kein Freund der lauten Rheintouristik. Die rheinische Romantik war durch die oft singenden und grölenden Menschenmassen ohnehin seit Jahrzehnten in Verruf geraten. Er ließ Profittlich also wissen, daß er gegen die Sesselbahn sei, denn dann könne man ihm schon ohne Fernglas auf den Kaffeetisch sehen. Adenauer ist tot, Profittlich ist tot. Auch ohne Sesselbahn überschwemmen die Fremden das Café Profittlich in Rhöndorf. Profittlich? Profittlich? fragen die Fremden, wenn sie zum Waldfriedhof ziehen — war das nicht der mit dem . . .

Osterheld beschreibt den Abschied

Horst Osterheld, ein Bonner Diplomat, von 1960 bis 1963 vom Auswärtigen Amt ins Bundeskanzleramt abgestellt, wo er als Ministerialdirektor das außenpolitische Büro Adenauers leitete, schrieb 1973 das Buch »Konrad Adenauer – Ein Charakterbild«. Er konnte gleichsam von einem höheren Standpunkt aus K. A. die Ehre erweisen. Kaum einer, der näher bei Adenauer war.

Osterheld beschreibt den Abschied vom toten K. A., dessen Leichnam am 22. und 23. April 1967 im Kabinettssaal des Palais Schaumburg aufgebahrt war. Obwohl es häufig regnete und schneite, war die Schlange der Wartenden manchmal einen Kilometer lang. Bis in die Morgenstunden des 25. April zog das Volk, hundertsechzigtausend Menschen, zuerst in Bonn, dann im Dom zu Köln an dem aufgebahrten Toten vorbei. Die Spur von Erdentagen war zu Ende, wenn sie auch noch lange, lange zu sehen wäre und doch in Äonen untergehen müßte.

Die Welt ist klein. Die Welt ist groß. Churchill nannte Adenauer den weitschauendsten deutschen Staatsmann seit Bismarck. Andere meinten — so Osterheld —, um auf einen wie Adenauer zu stoßen, müsse man in der deutschen Geschichte noch weiter zurückgehen. Bei einer Meinungsumfrage wenige Monate vor seinem Tode, wer für Deutschland am meisten geleistet habe, wurde K. A. von 44 Prozent auf den ersten Platz gesetzt, der nächste, Bismarck, folgte mit 13 Prozent.

Bei Adenauers Auslandsreisen — so wieder Osterheld — wurde die Weltöffentlichkeit Zeuge einer phänomenalen Spannkraft. Den ersten Besuch in einem anderen Land, also als er dieses unser Land zum erstenmal in seinem Leben überhaupt verließ, machte er 1951. Bis zu seinem Rücktritt 1963 folgten 77 weitere Auslandsreisen. K A. war nicht kleinzukriegen.

Er hatte etwas Altersfreies an sich. Obwohl er 1,88 m groß war, hatte sein Körper nur ein Gewicht von 75 kg; es mußte also ein dürrer, abgestandener Greisenkörper sein.

Das Fazit seiner Reise 1962 zu de Gaulle sollte in einem Fernsehinterview festgehalten werden. Es klappte nichts. Der Kameramann war wohl mit dem linken Fuß zuerst aufgestanden, dem Beleuchter brannte eine Lampe durch, und als man fertig war, hatte der Ton versagt. Dreimal sprach Adenauer. Ohne Verstimmung, behauptet Osterheld.

Als man im gleichen Jahr zum Katholikentag

nach Hannover flog, sprang plötzlich die Tür des Flugzeugs auf, sie war nicht verriegelt. Alle, die in der Maschine saßen, verausgabten sich in Todesangst. K A. verschoß sein Pülverchen: »Macht die Tür zu, es zieht!« Beide Eltern waren jähen Temperaments gewesen; er, der Sohn, blieb ruhig. Es war der wahre Humor nach Art des Hauses Adenauer, also trocken.

Und sein Abschiedsbesuch 1963 in Rom bei der italienischen Regierung und beim Papst. Der Schirokko, der warme Wind aus Afrika, kam über das Mittelmeer; seine zugleich nervenerregende und den Körper erschlaffende Wirkung wird in Italien sogar von der Rechtsprechung berücksichtigt. Adenauer war siebenundachtzig. Sein Blutdruck war total durcheinander. Die Begleitung befürchtete das Schlimmste. Aber der Besuch bei Regierung und Heiligem Vater vollzog sich musterhaft. De Gaulle, sonst berührungsscheu, hatte einige Monate vorher fasziniert gesagt: »Und er ist siebenundachtzig, denken Sie, sieben-und-achtzig!«

Spätestens jetzt wird der Leser fragen: Was soll das? Was hat das mit Adenauers Bosheiten zu tun, die im Buchtitel angekündigt sind? Nichts. Der Chronist kann nicht ausschließen, daß er nur auf das lesenswerte Buch des Horst Osterheld hinweisen wollte, der K. A. auf fast dreihundert Seiten rühmt, weil er wirklich manche Jahre in seiner unmittelbaren Nähe zubrachte. Danach blieb Osterheld bei Erhard, danach bei Kiesinger, schließlich, nach einem Zwischenspiel als Botschafter in Chile, war er der Ministerialdirektor bei Bundespräsident Karl Carstens. Adenauers Originalton ist überliefert: »De Herr Osterheld ist ne jute Mann.«

Und nun wieder zur Sache. Zu den Bosheiten.

Die »Hambacher Fahne«

Im Sommer 1953 überreichte der achtzigjährige Justizrat Wilhelm Breit vom Historischen Verein Neustadt an der Weinstraße (Pfalz) im Palais Schaumburg dem Bundeskanzler Adenauer eine Fahne als Geschenk, in der sich ein Stück deutscher Geschichte manifestierte. Abgesehen von einigen studentischen Bannern der Burschenschaften war es die älteste schwarzrotgoldene Fahne, etwas abgenutzt und vom sprichwörtlichen Zahn der Zeit angenagt. Es war die Fahne, die am 27. Mai 1832, am Jahrestag der bayerischen Verfassung, in dem Pfälzer Weindorf Hambach bei Neustadt beim sogenannten »Hambacher Fest« über 25 000 Menschen geweht hatte. Sie feierten auf der Maxburg »den deutschen Mai«, darunter ungezählte Studenten auch aus Heidelberg. Einer der Akteure, der Jurist Dr. Wirth, »ein schwärmerischer Teutone von gutem Rufe und ehrlicher Vaterlandsliebe«, wie man später bei Treitschke nachlesen konnte, proklamierte »die Organisation eines deutschen Reiches im demokratischen Sinne«. Ein anderer Redner, Siebenpfeiffer mit Namen, Journalist von Beruf, schloß (nach Treitschke) mit einem Hoch auf Deutschland, Polen, Frankreich, auf Vaterland, Volksfreiheit und Völkerfrühling. Wirth ließ »die vereinigten Freistaaten Deutschlands, das konföderierte republikanische Europa« hochleben. Konrad Adenauer bedankte sich bei den Neustädtern: »Wir werden die Fahne hoch in Ehren halten.« Zwei Tage hing sie im Kabinettssaal, dann wanderte sie auf den Dachboden des Palais Schaumburg und ward fünfzehn Jahre nicht mehr gesehen. Im Januar 1968 hat sie der Parlamentarische Staatssekretär bei Bundeskanzler Kurt-Georg Kiesinger, der Reichsfreiherr von und zu Guttenberg, der in Deidesheim ein berühmtes Weingut besaß, den Pfälzern auf Wunsch wieder zurückgeschickt. Ihnen war aufgefallen, daß in Bonn all die Jahre über so wenig Aufhebens von der »Hambacher Fahne« gemacht wurde. Die Bonner, meinten sie, schienen doch nicht so viel von geschichtlicher Tradition zu halten, wie sie manchmal gerne wahrhaben möchten. Adenauer war seit einem Jahre tot, konnte sich also nicht mehr entschuldigen. Aber 1982, beim 150jährigen Erinnerungsfest in der Pfalz, wehte sie wieder an ihrer alten Stelle.

Als er die Mehrheit verlor

Gegen zwei Uhr morgens, in der Nacht vom Sonntag, dem 17., auf Montag, den 18. September 1961, ging in Rhöndorf Konrad Adenauer im Garten seines Hauses spazieren. Es war sternenklar, und es hatte ihn nach draußen getrieben. Im Rheintal, zu Füßen des Rhöndorfer Hauses, braute aus dem Dunst dunkler Nebel. Den nächtlichen Wanderer, gegen die Kühle der Nacht mit Hut und Mantel geschützt, fröstelte. Er bemerkte Unregelmäßigkeit nicht im Gang der astronomischen, sondern der politischen Gestirne, die Bahnbewegung wich von ihrem bisherigen Lauf ab. Es blieb gewagt, schon der Paradoxie wegen, den Nebel zur Erhaltung der politischen Bühne heranzuziehen, aber je öfter und länger der Wanderer auf den Schirm des Fernsehgerätes geschaut hatte — es stand drinnen zwischen Diele und Küche, für das Hauspersonal aufgebaut —, wurde gewiß, daß alle bisherigen astronomischen Werte keine Gültigkeit mehr hatten.

Es war das erste Mal, daß Konrad Adenauer in einer Wahlnacht nicht wie üblich vor Mitternacht zu Bett gegangen war. Sonst war es ihm eine Lust — 1949, 1953 und 1957 war es so —, mit dem Hahnenschrei zu erwachen, mit der Sonne aufzustehen und die Wahlergebnisse auf dem Frühstückstisch vorzufinden. Diesmal brachte es ihn erst ins Bett, als er wußte, daß er im Bundestag die absolute Mehrheit verloren hatte. Die bisherige Politik, das wußte er nun, hatte keine Mehrheit mehr.

Nach Mitternacht saß man in der Bundesgeschäftsstelle der CDU in der Bonner Nassestraße vor dem Fernsehschirm, ein Fernrohr in der Hand, um die Ziffern und Zahlen möglichst in der Vergrößerung zu sehen. Aber das nagende Gefühl, daß der Prozentsatz an abgegebenen Stimmen sich mehr und mehr verkleinerte und damit die absolute Mehrheit im Bundestag dahin sei, wuchs zusehends. Gleichwohl ging man bald zum Sekt über. Bundesgeschäftsführer Dr. Kraske, Wahlkampfstratege Dr. Bach und Pressechef Dr. Pettenberg trugen den Verlust mit Fassung wie jener alte König bei Shakespeare: »Macht kein Geräusch, macht kein Geräusch; zieht den Vorhang zu!« Den Besucher ließen sie kurz am Sekt teilnehmen. Kein Ton angstvoller Beschwörung, aber was die Sprache an Sprüchen bei einer Wahlniederlage hergibt, wurde gesprochen. Mit dem Manne in Rhöndorf hatten sie keine Verbindung, auch nicht am Telefon.

Hochstimmung in der FDP-Bundesgeschäftsstelle, Bonner Talweg 57. Hier wäre man am liebsten schon um Mitternacht zum Festzug für Erich Mende aufgebrochen. Auch hier lag man, Blick zum Fernsehschirm, auf der Lauer. 1957 fast aus dem Paradies der Politik vertrieben, hatte er sie, der Schwarzgelockte, dessen ergreifendes Konterfei an den Plakatsäulen hing und dem die Schmucksprache kaum gewachsen war, wieder zu lichten Höhen geführt. Hier war man schon bald zu Whisky und den dickbauchigen Flaschen mit den Staniolköpfen übergegangen.

Gegen vier Uhr morgens war die Stimmung in der SPD-Baracke eine Mischung aus Beerdigung und Verlust eines entscheidenden Spiels in der Bundesliga, obwohl fünf Prozent Stimmengewinn gewiß kein Pappenstiel waren. Willy Brandt, flankiert von dem noblen Carlo Schmid, gab ein paar Sätze zum besten: daß die politischen Gewichte nun verschoben seien, daß keine Partei die absolute Mehrheit mehr habe, daß seine Partei einen Stimmengewinn von zwei Millionen Wählern habe und daß schließlich das politische Ergebnis dieser Wahl sei, daß sich die drei Parteien zusammensetzen müßten, um auf ganz breiter Grundlage eine Regierung zu bilden. Die Dinge, die auf uns zukämen, verlangten das. Carlo Schmid ergänzte, alles Finassieren würde jetzt zu einer schlechten Lösung führen, zusammengehen sei mehr denn je notwendig; er sei »für eine Regierung der nationalen Konzentration«.

Aber dann Montag, der 18. September. Mittags Punkt zwölf Uhr kam er in den Fraktionssaal der CDU/CSU im Bundeshaus, um sich den Journalisten zu stellen. Kein Hauch von Größe wehte um ihn, kein erhabener Gedanke kam über seine Lippen. Jeder wußte, was er morgen brauchte: dicke

Überschriften: »Adenauer will Bundeskanzler bleiben.« Keine idealisierende Retusche ist möglich: die stilistische und gedankliche Höhe dessen, was der Alte sagte, bewegte sich zwischen Simplifizierung und Naivität: »Wir haben uns gut geschlagen; die Partei ist aus gesundem Holz und hat gute Wurzeln.« Nach einer halben Stunde wußte jeder, obwohl er es nicht sagte: Nehmt zur Kenntnis, Leute, ich bleibe Bundeskanzler!

Am Dienstag, dem 19. September: Franz Josef Strauß, CSU-Vorsitzender, von Nestor Adenauer immer noch leicht gezähmt und zu langsamer Gangart erzogen: Adenauer solle noch eine befristete Zeit im Kanzleramt bleiben, seine »Abdankungs«-Urkunde aber im Panzerschrank von Heinrich Krone unter Verschluß genommen werden. Erich Mende, kühl bis ans Herz hinan, die Silberschläfen so dekorativ wie nie: Adenauer, falls wir als Koalitionspartner gewünscht werden, ist für uns als Bundeskanzler unannehmbar. FDP-Bundestagsabgeordneter Josef Ertl: »Unmöglich, daß ich für Adenauer stimme, ich habe meinen ganzen Wahlkampf gegen den alten Herrn geführt, meine Wähler werden mich steinigen.«

Drei Tage Finassieren und Auskochen: Adenauer, die Fraktionsbosse Strauß und Mende. Die Boulevardpresse hatte die Tage nicht verschlafen: »Er [Adenauer] hatte Tränen in den Augen, als er sinngemäß folgendes sagte: ›Ich will ja gar nicht mehr die ganzen vier Jahre Kanzler bleiben. Aber es kommen schwere Dinge auf uns zu. Das möchte ich noch selbst bereinigen. Die Lage war noch nie so ernst.‹« Adenauers Tränen, die über die Wangen in die Schlagzeilen tropften – der alte Tanz der Schmockerei, wie Karl Kraus gesagt haben würde. Staatstrauer ordnete Adenauer nicht an.

Vier Wochen später, am 20. Oktober. Erich Mende war kräftiger von Statur geworden, auch würdiger im Schultergelenk. Er selbst wollte nicht ins Kabinett. Der gütigen Mitwirkung des Zufalls verdanken die Journalisten die Anekdote: Beim Mittagessen im Palais Schaumburg entfuhr es Mende: »Es gibt zwei Menschen, die ich bewundere . . .« Tischnachbar Adenauer unterbrechend: »Wer ist denn der andere, Herr Mende?«

Die SPD hat sich längst wieder angeboten: Kabinett der nationalen Konzentration, auch unter Adenauer. Und in der FDP: Was dann, wenn der alte Fuchs mit der SPD koaliert? Hält Mende, fragt ein Kommentator, Labilität für Flexibilität? In den Ämtern haben einige hohe Beamte diskret darauf hingewiesen, daß sie schon seit einigen Jahren zahlende Mitglieder der FDP seien. Mende hat am 28. Oktober Geburtstag; er wird fünfundvierzig. Was macht ein Mensch auf der Höhe seines Ruhms? Er flüchtet in den Postauftragsdienst: er läßt sich nicht sprechen, ist unerreichbar.

Der Godesberger Zahnarzt Dr. Manfred Freise will seinem Godesberger Mitbürger Mende den Zahn ziehen. Freise hat beim Amtsgericht Bonn gegen Mende Feststellungsklage erhoben, ob der sich des schweren Treubruchs (Paragraph 266 des Strafgesetzbuches) schuldig gemacht habe. Freise wurde abgewiesen. Doch Mende und die FDP sind umgefallen. Unzählige Telegramme, Fernschreiben, Telefonate und Briefe, die eingehen, bei Partei, Fraktion, bei Mende. Die Zahl ist Legion. Sogar ein Telegramm an die »Umfall-Partei« wurde bei der FDP-Geschäftsstelle zugestellt, was darauf schließen läßt, daß die Post auf dem Quivive ist. Der Ton, auf Moll gestimmt, sagt gellend: Ohne Adenauer.

Am 14. November stellte sich das neue Kabinett Adenauer zum Familienbild. Bei der Kanzlerwahl saß unten auf seinem Abgeordnetenstuhl Konrad Adenauer, der Fünfundachtzigjährige. Er hörte vom Präsidenten: acht Stimmen mehr als 1949. War er 1949 nicht mit nur einer Stimme Mehrheit gewählt worden? Er verlor den Kopf nicht. Jawohl, sagte er, er nehme die Wahl an.

Es war die langwierigste Regierungsbildung seit 1949; bis in die achtziger Jahre hat keine ähnlich lange gedauert. Man brauchte vom Tag der Bundestagswahl bis zur Aushändigung der Ministerernennungsurkunden 58 Tage.

Von Dr. Bebber-Buch bis Professor Niehans

Im Frühjahr 1982 starb im Augustinum Bonn, 83 Jahre alt, die praktische Ärztin Dr. Ella Bebber-Buch, die von 1936 bis 1967 Adenauers Hausärztin in Rhöndorf gewesen war. Während der Kanzlerschaft Adenauers hielt sich hartnäckig das Gerücht, er bekomme regelmäßig von ihr und dem Bonner Professor Paul Martini im Einvernehmen mit dem berühmten Schweizer Paul Niehans Verjüngungsdrogen. Abgesehen davon, daß Adenauer den Professor Niehans, einen Vertreter der Frischzellentherapie, nie gesehen hat (er schrieb 1962 »Von der Zelle zur Zellulartherapie«, 1964 »Die Zellulartherapie«), ist er nie in der Behandlung mit lebenden Zellen, »Affendrüsen«, wie Dr. Adolf Arndt sie einmal abschätzig nannte, gewesen. Mit jenen Präparaten wird die Verzögerung des Alterns angestrebt, das Leben kann dadurch verlängert und die Phase des Alterns hinausgezogen werden.

Frau Bebber-Buch hatte in einem Interview nach seinem Tode gesagt, es seien bei Adenauer keine teuren Wundermittel verwandt worden, das seien alles Märchen gewesen. Er sei ärztlich exakt überwacht worden. Körperlich sei der alte Mann keineswegs der stärkste gewesen. Und auf die Frage, wieso er eigentlich im hohen Alter noch so fit sei, habe er einmal geantwortet, da könne er nur wie der Herr Churchill antworten: »Weil ich in meinem ganzen Leben keinen Sport getrieben habe.« Frau Bebber-Buch hat zahlreiche Auslandsreisen Adenauers mitgemacht, zuletzt 1961 eine nach Amerika.

Vom Juli bis September 1957 hatte Adenauer in 42 Wahlversammlungen, die ihn landauf und landab durch die Bundesrepublik führten, gesprochen, alle Reden zwischen eindreiviertel bis zwei Stunden. Seine Wahlstrategen hielten fest, daß er bei diesen Wahlreisen 21 000 km in Sonderzug, Flugzeug und Kraftwagen zurückgelegt und insgesamt 78 Stunden gesprochen habe. In seinem Wahltroß fuhr ein Mann mit, zu dem er eines Tages sagte, als er ihn in einer Zeitung abgebildet sah: »Jetzt weiß ich endlich mal, wer Sie sind.« Der Mann war Dr. Broicher, später Chefarzt und Universitätsprofessor, den die Wahlstrategen für alle Fälle engagiert hatten. Dieser Arzt hatte bei der sieben Wochen dauernden Wahlreise die gesamte Zugbegleitung mit Tabletten, Pülverchen und Pflästerchen versorgt, nur den einen, zu dessen Betreuung er notfalls da sein sollte, hatte er nicht behandelt. Vorsichtshalber war ein Päckchen mit verschiedenen Heiserkeitstabletten mitgenommen worden. Das Päckchen hatte sieben Wochen ungeöffnet überstanden.

Am Tage nach der Wahl stand Wahlredner Adenauer vor zweihundert Journalisten im Kabinettssaal des Palais Schaumburg. Die Wahl hatte ihm die absolute Mehrheit gebracht. Er lächelte das feine ironische Lächeln, mit dem er seine Umgebung oft bediente. Fünf Minuten sprach er, dann sagte er: »Und dann noch was . . . ach was, ich will es lieber für mich behalten.« Aber die Herren Journalisten wollten es wissen. Der Herr Dr. Arndt von der SPD, lächelte er, habe in Wiesbaden erklärt, er, der Bundeskanzler, habe Verjüngungsdrogen genommen. Herr Arndt wisse es anscheinend besser als er. Er habe nie welche bekommen, aber er wünsche der SPD mal Verjüngungsdrogen.

Wenn es Felix von Eckardt »jut machte«

1967 brachte Felix von Eckardt, zehn Jahre lang Bundespressechef, seine Lebenserinnerungen (bei Econ) unter dem schönen Titel »Ein unordentliches Leben« heraus. Zu einer Fortsetzung der Erinnerungen unter dem Titel »Das glaubt kein Mensch« ist es dann nicht mehr gekommen. In den zehn Jahren hat er über tausend Pressekonferenzen hinter sich gebracht. Die Journalisten konnten ihn bis zur Erschöpfung malträtieren. Nur ein dickes Fell und die Handhabung der Ironie halfen oft gegen ihre Zudringlichkeit. Ein Bundespressechef, der nicht das Vertrauen des Regierungschefs *und* das der Presse hat, kann einpacken, sagt Eckardt in seinem Buch. »Er muß Tag für Tag mit seinem kleinen Kahn zwischen Felsen, Klippen und Untiefen hindurchmanövrieren« oder »am hohen Drahtseil arbeiten, und das noch ohne Netz.«

Die Journalisten sahen oft mit Staunen, wie er am hohen Drahtseil ohne Netz arbeitete. Mit großer Unbefangenheit kam Eckardt manchmal in die Pressekonferenz ins Bundeshaus, gelegentlich hatte er tatsächlich keine Ahnung von der einen oder anderen Sache, und dann lag es an ihm, wie der Balanceakt vonstatten ging.

Die Sowjetunion hatte durch ihren Botschafter Smirnow zwei Stunden vor der Pressekonferenz im Auswärtigen Amt eine Note abgeben lassen, eine Demarche, wie es in der Diplomatensprache heißt. Eckardt hatte von der Note, als er zur Pressekonferenz ging, noch keine Ahnung. Auf die Frage eines sowjetischen Korrespondenten, was die Regierung zur Note zu sagen habe, war Eckardt zwei Sekunden – aber auch nur zwei Sekunden, sein Name hätte wirklich Hase sein müssen – in Verlegenheit. In der dritten Sekunde hatte er bereits mit einem Auge zu dem neben ihm sitzenden Ministerialdirektor Werner Krueger, seinem Stellvertreter im Amt, heruntergeschielt und dessen unmerkliches Nicken gesehen. Das Nicken hieß: Jawohl, die Note ist da. Im Moment kam aus Eckardts Mund das, was man die Sprache der unterkühlten Phase nennen könnte. Der Mann, der keine Ahnung von der Demarche hatte, denn er hatte über Mittag mit zwei ausländischen Korrespondenten bei Ria Maternus in Bad Godesberg diniert, wußte im gleichen Augenblick, daß ihn in den nächsten Nachrichtensendungen Fernsehen und Hörfunk, am nächsten Morgen auch alle Zeitungen auf der ersten Seite zitieren würden. Er staunte nun über seine eigenen Worte: »Meine Damen und Herren, ich kann die Note bestätigen. Ich kann Ihnen nur sagen, daß jede Note aus Moskau der größten Aufmerksamkeit der Bundesregierung sicher sein kann; wenn das schon generell gilt, so besonders zum jetzigen Zeitpunkt. Die Frage der Regierung der UdSSR ist sehr bemerkenswert, und ich kann Ihnen sagen, daß sie eingehend untersucht wird. Nach der ersten Prüfung im Auswärtigen Amt hat sich der Herr Bundeskanzler die Prüfung selbst vorbehalten, um die Note unverzüglich zu beantworten. Wegen der besonderen Bedeutung wird sich auch der Außenpolitische Ausschuß des Bundestages damit befassen. Wenn Sie mich nun fragen, ob sich auch der Bundesrat damit befassen wird, so kann ich privat nur sagen: sehr wahrscheinlich. Ich kann nur noch einmal wiederholen: die Note ist höchst interessant.«

»Sehr bemerkenswert« und »höchst interessant« sind Standardformeln. In Wirklichkeit sind diese hochtönenden Redensarten banales Blech.

Adenauers trockene Worte waren meist die

Würze bei Eckardts Eskapaden, und an dieser Stelle der Pointe sagte er, quasi definitiv — wie weggeblasen die UdSSR-Note, Adenauer hatte über Drahtfunk die Bundespressekonferenz mitgehört —: »Herr von Eckardt, dat haben Se jut jemacht.«

Chefredakteur Müller-Marein bekam Antwort

1960, als der sowjetische Parteichef Nikita Chruschtschow vor dem Forum der Vereinten Nationen einen Schuh auszog und damit zornig auf dem Pult trommelte, erbrachte Adenauer im Bonner Presseklub den bündigen Beweis, daß die Nachahmung nicht immer das gleiche sein muß. »Dat kann ich auch!« sagte er in seiner umwerfenden Art des Juxes, zog einen Schuh aus und begann damit zu trommeln. Die Szene lehrte, was er konnte: sich selber auf den Arm nehmen.

Bei diesem gleichen Presseklub-Auftritt — die Reihe der Episoden ist nicht mehr auszumachen — mußten die Journalisten noch einmal schlucken. Ein Gast des Klubs war an diesem Abend der Chefredakteur der Hamburger Wochenzeitung »Die Zeit«, Josef Müller-Marein, der auch wie Adenauer und Heinrich Böll sein Leben lang von seiner Kölner Herkunft zehrte. Er starb 1982. Dem also sagte der auf dem Sofa sitzende Adenauer diesen Satz: »Wenn ich damals Papst gewesen wäre, wär' dat mit der Reformation nit passiert. Ich hätt' mir den Luther mal kommen lassen, dat war doch 'ne vernünftige Mann.«

Für die folgende Bemerkung konnte man Adenauer dann allerdings nicht in Anspruch nehmen, denn diesen Satz tat Müller-Marein gegenüber seinem Nachbarn Max Schulze-Vorberg, dem Bonner Korrespondenten des Bayerischen Rundfunks: Luther sei natürlich eine der großen säkularen Erscheinungen unter den Deutschen. Leider stamme er aus der Ostzone.

Der den Mund nicht halten konnte

Der aus Schneidemühl stammende Dr. Carl Friedrich Goerdeler war von 1911 bis 1922 als Beigeordneter bei der Stadtverwaltung Solingen, von 1922 bis 1930 als Zweiter Bürgermeister von Königsberg/Pr., von 1930 bis 1937 als Oberbürgermeister von Leipzig tätig. Anfang der dreißiger Jahre war er zugleich Reichskommissar für Preisüberwachung. Adenauer und er kannten sich als Kommunalpolitiker. In der Widerstandsbewegung des Dritten Reichs war er nach Hitlers Sturz trotz mancher kritischer Gegenstimmen als Reichskanzler vorgesehen; Anfang 1945 wurde er in Berlin-Plötzensee hingerichtet.

Eugen Gerstenmaier berichtet in seinen Lebenserinnerungen »Streit und Friede hat seine Zeit« (1981), er habe »im Laufe vieler Jahre niemals eine negative Äußerung Adenauers über seinen ehemaligen Leipziger Kollegen Goerdeler gehört. Sie wäre auch nicht berechtigt gewesen. Denn während Adenauer aus Gründen, die hingenommen werden müssen, sich dem aktiven Widerstand verweigert hat, setzte Goerdeler seinen Kopf daran, Deutschland auf den Weg des Rechts und des Anstands zurückzuführen.«

Paul Weymar, der erste Biograph Adenauers, gibt in seinem Buch (1955) Adenauers Schwiegertochter Lola das Wort: »Als ihn [Adenauer] Goerdeler im Jahre 1943 durch einen Mittelsmann um eine Unterredung ersuchen ließ und der Vertrauensmann dabei vorsichtige Andeutungen über eine weitverzweigte Verschwörung gegen die Herrschaft Hitlers machte, gab mein Schwiegervater ihm mit aller Deutlichkeit zu verstehen, daß er sich an einem solchen Unternehmen nicht beteiligen würde. Er glaubte nicht an den Erfolg eines von Goerdeler ausgehenden Unternehmens.«

Dieses von Goerdeler ausgehende Unternehmen hat auch der Staatssekretär Franz Thedieck in einer Veröffentlichung der Konrad-Adenauer-Stiftung (1976), Beiträge von Weg- und Zeitgenossen Adenauers, dargestellt. Thedieck besuchte (mit

Dr. August Dresbach, Redakteur der »Kölnischen Zeitung«, später CDU-Bundestagsabgeordneter) Adenauer 1943 in Rhöndorf. Von Brüning war die Rede und von Goerdeler und Jakob Kaiser. Adenauer, sagt Thedieck, habe kein Organ für soldatisches Denken gehabt, »eigentlich nur ironische Ablehnung«. »Mit Spott« – so Thedieck – »äußerte sich Adenauer über die Pläne, mit Hilfe der Generäle das Hitlerregime zu beseitigen. Er meinte, deutsche Generäle hätten befehlen und gehorchen gelernt. Zum Putschen seien sie völlig ungeeignet. Weiter stellte er mit sehr scharfen Worten fest, sowohl Dr. Goerdeler als auch Jakob Kaiser hätten über ihre Pläne mit hundert oder mehr Menschen gesprochen, und so etwas könne im Nazireich nicht geheim bleiben.«

Und der Deutschland-Korrespondent der »Neuen Zürcher Zeitung« während des Dritten Reichs, Ernst Lemmer, Bundesminister unter Adenauer und Erhard, schreibt in seinen Erinnerungen »Manches war doch anders« (1968): »Die Schweizer waren entsetzt über die Redseligkeit Carl Goerdelers, der auf Auslandsreisen eine derart offene Sprache geführt hatte . . ., daß sich die Eidgenossen verwundert fragten, ob denn ein solcher Mann jemals ein echter Revolutionär sein könne. Genauso leichtfertig ging Goerdeler ja auch mit seinen Notizbüchern um, in die er . . . fein säuberlich Aufzeichnungen über alle seine Besprechungen und Pläne eintrug.«

Kein Wort steht in Adenauers vierbändigen »Erinnerungen« über Goerdeler, sein Name wird nicht erwähnt.

Zu Dresbach, so erzählte der dem Chronisten, habe Adenauer gesagt, Goerdeler sei ihm zu geschwätzig gewesen. Und zum Chronisten, dem Autor dieses Buches, er verbürgt sich für die wörtliche Wiedergabe, sagte er in den fünfziger Jahren in Cadenabbia: »Der Goerdeler konnte den Mund nicht halten.«

Hat Adenauer Freunde gehabt?

Jeder, der Frontsoldat gewesen ist, weiß um das Wort »Kamerad«. Es hat natürlich viel mehr Gefühls- und Gemütswerte als das unverbindliche Wort »Kollege«. Das Wort »Freund« jedoch kommt aus anderen Quellen; es ist mit dem Wort »Kamerad« verwandt. Mit einem Freund hat man meist einen langen Weg zurückgelegt, ehe man an das Wort Freundschaft rühren konnte.

Die Wissenschaft umschreibt »die Freundschaft als ein Verhältnis aus gegenseitiger individueller Zuneigung bei rückhaltloser Vertrautheit mit den Lebensumständen des Freundes«. Oberflächlicheren Bindungen, die sich im geselligen Miteinander erschöpfen, versagt unsere Umgangssprache diese Bezeichnung, es sei denn, daß in Wortzusammensetzungen das Grundwort Freund durch ein entsprechendes Bestimmungswort deutlich eingeschränkt wird, etwa Geschäftsfreund, Parteifreund, Gastfreund, Klubfreund. Seit jeher wurde die Bewährung in der Freundschaft unter Opfern als eine der edelsten Haltungen des Menschen gewertet und gepriesen. Das Gegenwort von Freund ist Feind. Auch die Wörter Kumpan und Kumpel gehören wohl in diese Kategorie.

Hatte Konrad Adenauer je Freunde?

Arnulf Baring, der Staatsrechtler, hat das Wort von der Freundschaft Adenauers untersucht. In seinem Buch »Im Anfang war Adenauer. Die Entstehung der Kanzler-Demokratie« (1971, Deutscher Taschenbuch-Verlag, München) steht, daß »Adenauers Wertschätzung auf die Dauer nur behalten [konnte], wer sich als nützlich erwies und sich ihm unterzuordnen bereit war. Das schloß Freundschaften aus.« Der einzigen (so Baring), von der die Welt wisse, der zu Robert Pferdmenges, wurde meist eine übertriebene Bedeutung beigemessen. Ohnehin gehörten nicht hierher Adenauers enge Liierung zu Charles de Gaulle, John Foster Dulles, Heinrich Krone, Robert Schumann und Alcide de Gasperi. Baring: »Adenauer konnte sich bei seiner Politik nicht auf langjährige und weitverzweigte Loyalitäten stützen. Nichts wäre falscher als die Auffassung, mit Adenauer sei der Kölner Klüngel in Bonn an die Macht gekommen. Diese Vereinzelung Adenauers hing nur zum kleinen Teil mit seinem vorgerückten Alter zusammen. Schon als Oberbürgermeister hatte er wenig gesellschaftlichen Verkehr gepflegt; denn der Sohn eines kleinen Beamten und Enkel eines Bonner Bäckers gehörte nicht von vornherein zur Kölner

Gesellschaft, war aber zu selbstbewußt, um sich ›anzubiedern‹.«

Während Frau Dorothea Pferdmenges Adenauer schwärmerisch verehrte, schreibt Baring in einer Fußnote, und den verwitweten Freund ihres Mannes beispielsweise bei Erkrankungen betreute, stand Robert Pferdmenges ihm mit Reserve gegenüber, wie er gelegentlich betonte. Baring, der sich mehrerer Anekdotenbände des Chronisten bedient, vermerkt, daß Pferdmenges zwar schon 1919 mit Adenauer in Berührung gekommen sei, aber erst seit 1959 hätten die beiden sich bekanntlich geduzt. 1919 hatte sich der Protestant Pferdmenges beim Oberbürgermeister Adeanuer darüber beschwert, daß am Karfreitag, dem höchsten evangelischen Feiertag, in Köln ein Fußballspiel stattgefunden habe. Adenauer sorgte für Abhilfe.

1955 im St.-Georgs-Saal des Kreml in Moskau, Zeuge waren der westdeutsche Zeitungskorrespondent Hans-Ulrich Kempski, der ostdeutsche Schwarze-Kanal-Korrespondent Eduard von Schnitzler und der Chronist. Nikita Chruschtschow, Erster Sekretär des ZK der KPdSU und seit 1953 Vorsitzender des Ministerrats, versicherte Adenauer scherzhaft, daß sie nicht zu jedem Frühstück einen gebratenen Kapitalisten vertilgten. Plötzlich sagte er: »Wissen Sie eigentlich, Herr Bundeskanzler, daß die Deutschen am Kommunismus schuld sind?« Adenauer verstand nicht recht. »Nun«, sagte Chruschtschow, »Marx und Engels waren ja schließlich Deutsche, sogar rheinische Landsleute von Ihnen, der eine aus Trier, der andere aus Barmen. Die Deutschen haben sich die Sache mit dem Kommunismus eingebrockt, jetzt müssen sie ihn auch auslöffeln.« Adenauer: »Herr Chruschtschow, kennen Sie den Herrn Pferdmenges aus Köln? Das ist ein bekannter Bankier und ein Freund von mir.« Chruschtschow kannte ihn. Adenauer: »Wissen Sie auch, daß das ein Neffe von Friedrich Engels ist?« Chruschtschow: »Da können Sie sehen, wo so etwas hinführen kann! Grüßen Sie den Herrn Pferdmenges von mir.« Hatte Adenauer nicht »ein Freund von mir« gesagt?

1961 erzählte Adenauer wörtlich: »Am Morgen des 13. März 1933, in aller Frühe, verließ ich an der aus sechs Mann bestehenden SA-Wache vorbei – alle schliefen – mein Haus in Köln und fuhr im Auto meines Freundes Pferdmenges in das Industriegebiet, um dort einen Zug nach Berlin zu besteigen. Ich sah mein Haus, das ich mir erbaut hatte, erst nach Jahren wieder, und zwar als Ruine.«

In Paul Weymars Adenauer-Biographie wird Robert Görlingers, eines Kölner SPD-Politikers, sehr scharfsichtige Charakterisierung wiedergegeben: Adenauer gelte allgemein als kalt. Das stimme nicht. Adenauer habe vielmehr – und das halte er, Görlinger, wirklich für das Geheimnis seiner Erfolge – die bemerkenswerte Fähigkeit, in

Richtung seines Vorteils Gefühle zu entwickeln. Leute, die er gebrauchen könne, seien ihm sympathisch. Doch diese Sympathie erlösche sofort, wenn diese Leute ihre Funktion erfüllt hätten.

Sterben fürs Vaterland

Diplomatie und Magenschleimhaut sind ohne erkennbaren Zusammenhang. Verbunden hat sie 1959 auf eine überraschende Art das Protokoll des Auswärtigen Amtes, genauer dessen damaliger Chef, der Botschafter Sigismund von Braun. Man höre: der Protokollchef müsse Abend für Abend an Dinners teilnehmen, mittags oft auch an einem Lunch; das heißt, im bügerlichen Leben und in schlichtem Deutsch ausgedrückt, bei Mittag- und Abendessen zu Gast zu sein. Der Tatbestand sprach für sich selbst. Diplomatie wird bekanntlich auch bei Essen und Banketten betrieben. Nun erwarte niemand, bei solchen Gelegenheiten würde »bürgerliches« Essen gegeben. Schon damals ging das Wort Freßwelle um. Die leiblichen Genüsse sind meist von glanzvoller und üppiger Art und reichen von Lucullus über Clemens Wilmenrod bis Paul Bocuse. An manchem Abend, wenn die Fettlebe auf ihn zukomme, sagte Braun, Krebsschwänze auf Artischockenböden, Hummer oder Rinderfilet, Fasan oder garnierter Rehrükken, Gänselebertimbale oder Pistaziencreme, überkomme ihn plötzlich Heimweh zur guten häuslichen Küche, zur Hausmannskost. Gegen die Wirkung üppiger Essen ist auf die Dauer keine Magenschleimhaut gefeit. Die Protokollchefs von Herwarth und Dr. Mohr, von Holleben, Schöller und Schwarzmann und die Grafen Podewils, Welczeck und Finckenstein haben unter diesen Essen gelitten; aber kein Protokollchef konnte sich ihnen entziehen. Selbst die Antike und die Zeit des Feldherrn Lucullus liefern keine Beispiele ähnlicher Art. Einsam ragen die Mägen dieser Botschafter über drei Jahrzehnte Bundesrepublik, sozusagen als zeitgenössisches Beispiel für Heldentum in der Diplomatie.

»Ich höre«, sagte Adenauer 1959 zum Botschafter von Braun, »dat viele Essen bekommt Ihnen nicht, wat machen Se denn dagegen?« Was er dagegen machen solle? fragte von Braun zurück, er versuche kurzzutreten, mehr bleibe ihm nicht übrig. Adenauer tat etwas Gewürz hinzu: »Auf welche Art man fürs Vaterland doch sterben kann.«

Hosenträger, ja oder nein

Es war Anfang der fünfziger Jahre. Die Journalisten verließen für kurze Zeit den Pfad der klassischen Parlamentsberichterstattung und wandten sich einem Thema zu, das damals im Bundestag einigen Staub aufwirbelte. Die Frage war, ob der Bundestag sich positiv oder negativ zu Hosenträgern stelle. Bundestagspräsident Ehlers hatte verlauten lassen, daß bei der sommerlichen Bruthitze die männlichen Abgeordneten in Hemdsärmeln an den Plenarsitzungen teilnehmen könnten, indessen wurde gebeten, so hieß es einschränkend, nicht in Hosenträgern das fundierte Ansehen unseres Parlaments zu schmälern, aus ästhetischen Gründen.

Damals nun trat die Hosenträgerindustrie auf den Plan, setzte ein paar trainierte Werbefachleute nach Bonn in Marsch und überreichte zungenfertig dem Bundestagspräsidium und den Fraktionen eine Kollektion modernster Erzeugnisse ihrer Hosenträgerproduktion. Selbst für jene in allen Fraktionen sitzenden Männer mit den Bäuchen der sozialen Marktwirtschaft, die mit gewichtigen Leibesformen ihrem Amt oblagen, glaubte man, dezente Hosenträgermodelle anbieten zu können. Aber das Parlament blieb dabei: Wer die Jacke auszieht, muß auch, falls er welche trägt, die Hosenträger ablegen. Die Musterkollektion wurde einem Flüchtlingslager überwiesen.

Doch der Fachverband der deutschen Hosenträger-Industrie ließ nicht locker. Kurz danach lud er die Bonner Parlamentsjournalisten ins benachbarte Köln und bot ihnen ein Sortiment Werbeverse aus dem unerschöpflichen Schatz der Reklamestrategen. Das Hosenträgerlied »Warum tragen alle Jäger immer wieder Hosenträger?« wurde beifällig aufgenommen. Ein Werbevers für Abgeordnete sei in Vorbereitung, hieß es. Ein bekannter Rundfunkansager hielt einen tiefschürfenden, philosophische Bereiche streifenden Vortrag über »Ein Herr wird erst schön durch den Träger«, ein Doktor der Medizin bestätigte die gesundheitsfördernde Wirkung des Hosenträgers, ein Modewart des Schneiderhandwerks wies nach, daß bei 80 Prozent aller Männer die Bügelfalte der Hose nur durch den Hosenträger sitze. Noch viele äußerten Bedeutendes zum Thema. Es wurde viel Wind mit trefflichen Argumenten gemacht. Als die Journalisten fragten, ob die künftigen Soldaten der Bundeswehr Hosenträger tragen würden oder ob man es wie die Amerikaner halte, hätte der Hosenträgerstratege nur die Sprechblase beisteuern können: »Ja, sie werden!« Adenauer hatte sich die Debatte im Bundestag mit angehört, dann sagte er zu dem schlanken und ranken Junior des Parlaments, dem Abgeordneten Richard Stücklen, der dreißig Jahre später als Präsident allerdings zu den Dickbäuchigen gezählt werden mußte: »Sehen Sie sich einen Ami nur mal von hinten an.«

Horst Waffenschmidt erzählt

Die Leute im Bergischen Land erzählen gerne etwas trocken. Ein Bundestagsabgeordneter, Horst Waffenschmidt aus Gummersbach, seit 1982 Parlamentarischer Staatssekretär im Bundesinnenministerium, gibt ein paar Adenauer-Anekdoten aus der Abgeordnetenpraxis zum besten. Er erzählt sie in einer Art Nebenzimmer einer kleineren vereinsmäßigen CDU-Veranstaltung. Genau, sagt er, wir sind etwas trocken.

Also: Im Bundestagswahlkampf 1957 sprach Adenauer in Gummersbach, wo es später die guten Handballer gab. Er begann seine Rede damit, daß er dem damaligen Bundestagsabgeordneten dafür dankte, daß er ihm in der schlechten Zeit vor der Währungsreform eine neue braune Aktentasche besorgt habe. Diesen Worten fügte er hinzu: »Als ich diese Aktentasche bekam, sah das Frau Christine Teusch, die Kultusministerin aus Düsseldorf. Ich habe dann gesagt: Lieber Doktor Dresbach, besorgen Sie Frau Teusch auch eine Aktentasche, aber es muß eine ganz schwarze sein. Sie war nämlich nicht nur immer tiefschwarz angezogen, sondern auch sonst.« Es durfte gelacht werden.

Weiter: Als Adenauer noch Bundeskanzler war, meinte eines Tages der Vorsitzende eines großen Landesverbandes der CDU: »Herr Bundeskanzler, Sie müssen noch einmal vor unserem Landesausschuß sprechen.« Adenauer erwiderte sofort: »Ja, wieso? Aber ich will Geld dafür!« Alle waren verblüfft. Geld? Adenauer dann schelmisch: »Jetzt meinen Sie, der Adenauer kann nicht genug kriegen. Aber ich will das Geld nicht für mich, sondern für die Waisenkinder, die ich jedes Jahr zu Weihnachten beschenke. Sie kennen doch wahrscheinlich das geflügelte Wort vom Herrn von Eckardt: ›Geld kann nicht bar genug sein.‹«

Weiter: Eines Tages unterhielt er sich mit seinem Pressechef Felix von Eckardt. Adenauer trug ihm auf, eine politische Ansicht vor der Öffentlichkeit darzustellen. Eckardt meinte, dies sei schwierig. Adenauer: »Was verdienen Sie eigentlich im Monat?« Von Eckardt nannte die Summe, die er als damaliger Staatssekretär der Bundesregierung verdiente. Adenauer darauf: »Wenn Sie so viel verdienen, müssen Sie diese politische Ansicht auch verkaufen können.«

Im Wahlkampf 1957 verblüffte der Kanzler in einer Wahlversammlung plötzlich mit folgender Satzkonstruktion: »Meine Damen und meine Herren, es gibt gute Sozialdemokraten.« Obwohl er die Stimme hob, schaute alles den Redner erstaunt an, der die Contenance behielt. Adenauer wiederholte seine Aussage, fügte aber hinzu: »Aber, meine Damen und meine Herren, die guten Sozialdemokraten haben in der SPD nichts zu sagen.«

Das Werbefernsehen gab es damals noch nicht, sonst hätte man sagen können: Von dort habe er die klaren Sätze bezogen.

Die geschönten Lebensläufe

Da lagen Ende 1957 die amtlich konzessionierten Lebensläufe unserer mehr als fünfhundert Bundestagsabgeordneten vor, im Amtlichen Handbuch für den Bundestag alphabetisch zusammengestellt. Alle Abgeordneten priesen die Vorzüge ihrer Lebensläufe – der Text stammte von ihnen selbst –, manche betrieben etwas Aufmachung ihrer werten Person, schönten die Lebensläufe also, manche kokettierten mit persönlicher Schlichtheit. Von mancherlei nahm man Notiz, von Alter und Ausbildung, von den weisen Ratschlüssen des Schicksals, wie es das Leben und der Werdegang so laufen ließen, manche klammerten das Dritte Reich überhaupt aus.

Der aufmerksame Leser stellte damals beim Studium des Handbuches fest: Zwei der ehrenwerten Abgeordneten verschwiegen den Ort der Geburt. Das heikle Gerede, das durch die Wandelhallen des Hohen Hauses ging, daß man nämlich den Geburtsort bewußt verschwiegen habe, lieferte schöne Erbauung.

Ein Journalist war ein arger Bruder Lustig. Er konnte die Namen der beiden ehrenwerten Herren nicht unterschlagen. Bundestagsvizepräsident Dr. Richard Jaeger (CSU) aus Diessen am Ammersee, später sogar vier Jahre Bundesjustizminister, ein katholischer bayerischer »Abendländer« ins Quadrat erhoben, schämte sich seiner Geburtsstadt Berlin.

Die gegnerische Bayernpartei schlug bei den Wahlen jeweils genügend Lärm, um Jaegers Geburtsort Berlin den Wählern bekanntzumachen. Jaeger mußte mit einem Lautsprecherwagen kontern, den er im Wahlkreis Fürstenfeldbruck durch die Lande schickte, von Dorf zu Dorf, um den Leuten die Umstände seines preußischen Geburtsortes zu erklären: Vater Jaeger war als Beamter des Reichsversicherungsamtes zwei Jahre nach Berlin versetzt, wo der Sohn zur Welt kam.

Scheinbar arglos überging auch der Abgeordnete. Dr. Otto Schmidt (CDU), Rechtsanwalt aus Wuppertal, ehemaliger Minister im Kabinett Arnold in Düsseldorf, seinen Geburtsort. Bei Endrikat war nachzulesen, daß in Wuppertal die Wupper wuppert und die Schwebebahn schwebt, bei Goethe aber, daß in Wuppertal ein abstrus-religiöses Völkchen wohnt. In Wuppertal hat der Protestantismus immer sonderbare Blüten getrieben. Dr. Otto Schmidt ist sehr kräftig evangelisch und streng religiös, gläubig und fromm. Herr Dr. Schmidt strotzt gewissermaßen von Protestantismus. Aber: Herr Schmidt ist nicht in Wuppertal, sondern in – Köln geboren. Und hier in Köln – frei nach Heinrich Heine, dem Düsseldorfer – treibt die (katholische) Klerisei ihr Wesen. Darf ein Wuppertaler Protestant in Köln geboren sein? Er darf nicht dort geboren sein!

»Das hätten die Herren Jaeger und Schmidt ihren Familien nicht antun dürfen«, sagte der Kölner Adenauer süffisant, als von den beiden Herren die Rede war.

Bei den Weißwedelhirschen in Japan

1960 brach Adenauer zu einem Flug um die Erdkugel auf. Über Amerika, Honolulu ging es nach Japan. Und in Japan stand die Millionenstadt Kioto auf dem Programm, immer noch Mittelpunkt traditioneller Kultur mit vielen Tempeln, Schintoschreinen und bedeutenden Landschaftsgärten in Nara. Natürlich, so schrieb der Staatssekretär Felix von Eckardt in seinen späteren Lebenserinnerungen »Ein unordentliches Leben«, sahen wir in Japan viel Interessantes, doch der Genuß habe durch das ständige Fotografiertwerden einige Einschränkungen erlitten. »Nicht nur die Berufsfotografen ließen uns keinen Augenblick in Ruhe, nein, die Japaner selbst sind ein Volk von Fotografen.«

In Nara wurden zahme Weißwedelhirsche in einem Gatter besichtigt, und Adenauer fütterte sie mit einem eigens für die Tiere hergestellten Futter, das man kaufen kann. Die Tiere waren faul und träge, standen herum und waren für die Dutzende Fotografen ein Motiv: Der deutsche Bundeskanzler als Tierliebhaber. Aber ein Hirsch hatte eben gekostet, da weigerte er sich, und mit dem Tierliebhaber wurde es nichts. Adenauer, auch solchen Situationen gewachsen, drehte sich abrupt um und sagte zu Sohn Konrad, dem er das Futter gab und der hinter ihm stand: »Da, iß du.«

Der Waidmann

Zum Bild des Waidmannes, wie sich die Jäger gerne selbst nennen, denn das klingt hehr und frohgemut, hatte Adenauer schon seinen Beitrag geliefert, als er in den fünfziger Jahren den Berliner Senator Dr. Günter Klein, einen Jäger, der ihm als Bonner Beauftragter des Landes Berlin seinen Antrittsbesuch machte, mit dem Kurzbescheid versah, Jäger seien faule Menschen. Er hielt nichts von ihnen.

Dr. Max Adenauer, der Sohn und frühere Kölner Oberstadtdirektor, lieferte 1982 einen weiteren Farbtupfer zu Konrad Adenauers kurz angebundener Art, ganze Gesellschaftsschichten zu verunglimpfen: Der Vater habe als Oberbürgermeister wie auch später als Bundeskanzler bei allen Bewerbern gefragt: »Ist der Mann Jäger?« Wenn das bejaht wurde, kam das Diktum: »Den nehmen wir nicht. Der ist von Donnerstagmittag bis Montagmorgen verschwunden.«

Waidmannsheil, Herr Strauß

Franz Josef Strauß kam 1966 von einer Afrikatournee zurück. Er war Gast einer südafrikanischen Stiftung für die Pflege der Beziehungen zwischen Westeuropa und Afrika. Niemand verübelte Strauß, daß er sich wie sein Parteifreund Gerstenmaier unter den afrikanischen Wildtieren umzusehen suchte. Er waidwerkte im ehemaligen Deutsch-Südwestafrika bei einem eingewanderten deutschen Farmer mit Jeep, Begleiter und einer großkalibrigen Büchse und erlegte drei Waldböcke der tropischen Gebiete: einen Großen Kudu, eine Orix-Antilope und einen Springbock. Der Beobachter beugte sich vor der zwingenden Logik, daß der ehemalige Verteidigungsminister gut schießen könne. Mit drei Blattschüssen hatte er die drei Böcke erlegt. Strauß machte sich erbötig, wie in der Politik auch bei der Jagd jeden Schuß aufs Blatt anzubringen. In der Lobby des Bundeshauses traf er einige Tage später auf den Bundestagsabgeordneten Konrad Adenauer, der ihm auf seine naive Zivilistenart, bar jeder waidmännischen Kenntnis, sagte: »Ich höre, Sie waren in Afrika und haben auf Tiere jeschossen.« – »Sie dürfen Waidmannsheil sagen«, entgegnete Strauß, und dann fragte Adenauer, ob das denn stimme, was er aus der CSU-Landesgruppe höre und was man sich an den Jägerstammtischen erzähle.

Nämlich: Ein bayerischer Oberförster habe den

Jungjäger Strauß auf einen Rehbock geführt, den er erlegen sollte; es war morgens in aller Frühe gewesen. Wild darf man nicht mit dem Wind angehen, weil das Wild sonst Wind bekommt, wie es in der Waidmannssprache heißt, und abspringt. Der Oberförster flüsterte plötzlich zum Jungjäger Strauß: »Wir haben den Wind im Nacken.« Arglos erwiderte Jungjäger Strauß: »Das macht mir nichts.« Da schmunzelte sogar Nichtjäger Adenauer.

Der Generalinspekteur überreicht Strauß einen Degen, und Adenauer sagt: Der kommt wieder

Der Blick zurück in fernere Zeiten läßt uns auf jene »Spiegel«-Affäre stoßen, die die Republik in ihren Grundfesten erschütterte. Die Welt in diesem unserem Land war damals in der auslaufenden Ära Adenauer scheinbar in Ordnung gewesen. Es gab noch Liberale in den Parlamenten, obgleich sie schon damals öfter umfielen, als ihnen hernach bekömmlich war.

Der Chef und Herausgeber jenes Hamburger Nachrichten-Magazins, dessen Namen man in aller Munde meist verschwieg, wurde mit dem verantwortlichen Ressortredakteur Conrad Ahlers u. a.

in einer Blitzaktion in Verbindung mit der Durchsuchung der Redaktionsräume in Hamburg und Bonn, mit der Aktenbeschlagnahme und der polizeilichen Besetzung der Verlagsräume am 27. Oktober 1962 wegen des Verdachts des Landesverrats und der Beamtenbestechung festgenommen. Der »Spiegel« hatte in seiner Ausgabe vom 10. Oktober 1962 unter dem Titel »Bedingt abwehrbereit« über die Herbstübung der NATO (»Fallex 62«) berichtet. Das Ereignis löste eine leidenschaftliche rechtspolitische Diskussion über die gegenseitige Abwägung der Verfassungsgrundsätze der Staatssicherheit und der Meinungsfreiheit aus. Die Auseinandersetzung führte zugleich zu einer ernsten politischen Krise der Bundesrepublik. Der Verteidigungsminister Franz Josef Strauß mußte zurücktreten; er hatte sich, wie es schien, selbst hinauskatapultiert.

Heftige Polemiken und nachhaltige, schonungslose Diskussionen gab es lange Zeit. Am 16. Oktober 1964 hatte die Bundesanwaltschaft Anklage gegen Oberst Martin, Rudolf Augstein und Conrad Ahlers erhoben, am 14. Mai 1965 gab der 3. Strafsenat des Bundesgerichtshofes bekannt, daß gegen Augstein und Ahlers kein Hauptverfahren eröffnet werde.

Ahlers besuchte Adenauer zweimal in seinem Büro im Bundeshaus, wo der bei seinen »Erinnerungen« saß. Das erste Gespräch eröffnete Adenauer mit der verblüffenden Frage: »Herr Ahlers, waren Sie denn wirklich im Gefängnis?« Beim zweiten Besuch hatte sich Ahlers einen Band von Adenauers »Erinnerungen« mitgenommen, in den Adenauer die Widmung hineinschrieb: »Herrn Ahlers zur Erinnerung«, und als unchiffrierten mündlichen Begleittext fügte der Langzeitkanzler hinzu: »Damit ist Ihre Spanienreise beendet.«

Strauß wurde als Verteidigungsminister entlassen. Über den Strauß-Abschied hat am 21. Dezember 1962 in der »Stuttgarter Zeitung« deren Bonner Korrespondent Reinhard Appel, später Chefredakteur des Zweiten Deutschen Fernsehens, berichtet. Er war nämlich zu jener Zeit Vorsitzender der Bundespressekonferenz, und nur diesem Vorsitzenden hatte Strauß erlaubt, an den Feierlichkeiten mit dem Großen Zapfenstreich zu seinen Ehren teilzunehmen. Das gesamte Bonner Journalistenkorps war ausgeschlossen. Es gab ein Abendessen, gegeben vom Bundeskanzler, für das Kabinett, die Bundeswehrführung und das Diplomatische Korps. Strauß ließ sich nicht irritieren. Die Anwesenheit Adenauers, so berichtet Appel, war ihm Genugtuung genug. Mit seinem linken Tischnachbarn, dem katholischen Militärbischof Hengsbach, wechselte er nur wenige Worte. Während des Abendessens im Offiziersheim des Fliegerhorstes Wahn unterhielt er sich die meiste Zeit mit seinem rechten Nachbarn, dem Bundeskanzler. Die Diskretion des Tischgastes verbietet die Schilderung im Detail. Amüsiert, fast gelangweilt und an einer Stelle mit offener Skepsis verfolgte Strauß den offiziellen Dank des Kanzlers. Als Adenauer sagte, er habe den Wunsch von Strauß, dem fünften Kabinett nicht als Verteidigungsminister anzugehören, »nicht leichten Herzens« respektieren müssen, blinzelte Strauß seinem Gegenüber ironisch zu.

»Bittere Stunden gehören zur Formung des Mannes«, sagte Adenauer zum Gegenüber Appel. O-Ton Adenauer: »Aber der kommt wieder, er ist noch nicht soweit, der muß noch viel lernen.« – »Wie meinen Sie das?« fragte Appel. Adenauer: »Ich will Ihnen mal ein Beispiel erzählen: Wenn ich mit einem Manuskript in eine Wählerversammlung komme und ich bemerke an der Stimmung, daß die Rede nicht paßt, dann stecke ich das Manuskript in die Tasche. Der Strauß nimmt auf Stimmungen keine Rücksicht, der benützt das Manuskript, denn er will mit dem Kopf durch die Wand. Er hat kein Fingerspitzengefühl.«

Appel weiter: »Den Dank von Generalinspekteur Foertsch genoß der scheidende Minister wohl am meisten. ›Wir werden den Weg zu einer modernen Bundeswehr weitergehen, den Weg, den Sie uns gewiesen haben‹, sagte der General und überreichte dem Minister einen Degen jenes bayerischen Königs, von dem es heißt, daß er sich nach größeren Reisen in andere Länder in Bayern zurückgezogen habe, um nur noch mit Künstlern und Gelehrten zu verkehren. Es war Maximilian

II. Joseph, der das Maximilianeum in München begründete, das hundert Jahre später Franz Josef Strauß ein Stipendium gewährte.«

Wie hatte Adenauer gesagt: »Der kommt wieder!«

Bernard Lescrinier

Zu nächtlicher Stunde auf dem Verbandstag des Deutschen Journalisten-Verbandes 1953 bot sich Adenauer an, dem United-Press-Korrespondenten Bernard Lescrinier ein Spezialinterview zu geben.

Originalton Adenauer: »Ich jebe et Ihnen zu fünfzig Prozent gelogen, dann verdienen Se noch mal am Dementi.«

O-Ton Adenauer: »Ne Journalist am Apparat? Dat is bestimmt der Lescrinier, der will wissen, wat meine Luftröhre macht. Sagen Se ihm: Ich bin gestern schon beerdigt worden, dat weiß aber noch keiner. Dat hat er exklusiv.«

Lescrinier, der 1967 einige Monate nach Adenauer starb, hatte im Zweiten Weltkrieg schon in Berlin als Agenturjournalist gearbeitet, wo er zu jenen kleinen Verbindungsmännern der Weltgeschichte gehörte, die von der Vorsehung als Regulatoren bestellt sind: Ein Journalist, der jeden kannte und der alles wußte bis zum letzten Klatsch. Da er ein gebürtiger Godesberger war, wurde ihm nach dem Kriege die Bundeshauptstadt vor die Haustüre geliefert. Adenauer mochte ihn. Obwohl Lescrinier Formulierungsschwierigkeiten hatte, war er als »Neger«, als Herbeischaffer von Nachrichtenfutter, wie sie der amerikanische Agenturjournalismus hervorgebracht hatte, nicht zu schlagen.

Im Bonner Presseklub — in den fünfziger Jahren — sprach es sich herum, daß Lescrinier um Mitternacht Geburtstag habe. Adenauer, der Gast war, ordnete an, daß Presseklub-Präsident Alfred Rapp eine Rede auf Lescrinier zu halten habe, was dieser nur unwillig tat, denn er mochte Lescrinier nicht. Dies, sagte Adenauer zu Rapp, sei keine gute Rede gewesen, stand auf, nahm das Glas in die Hand und sagte: »Dann will ich mal ne Rede halten, Herr Lescrinier. Ich weiß, daß Sie lügen, und Sie wissen, daß ich lüge, und deshalb verstehen wir uns so gut. Prost zu Ihrem Geburtstag.«

Bei derselben gleichen Veranstaltung warf Lescrinier dem Bundeskanzler vor — er redete gern, wie ihm der Schnabel gewachsen war —, die Bundeswehr mit den alten Generälen der Wehrmacht aufzubauen. Adenauer wollte keine Realitätsvernebelung und sagte, mit Gewerkschaftssekretären könne er sie allerdings nicht aufbauen. Lescrinier hatte nicht die Absicht, zur Generalität bewundernd aufzuschauen; er sagte also: »Mehr als den Krieg verlieren, Herr Bundeskanzler, können die allerdings auch nicht.« Da blieb Adenauer, was selten vorkam, die Spucke weg.

Und immer wieder die Generalität. Lescrinier war dabei, als Adenauer 1954 am Quai d'Orsay in Paris seinen ersten großen Auftritt vor der Weltpresse hatte. Am Kopfende im Großen Vortragssaal saß ein deutscher Regierungschef. In Paris war über den Beitritt Deutschlands zur NATO verhandelt worden. Ein amerikanischer Journalist stellte mit einem deutlich provokatorischen Unterton die Frage: »Herr Bundeskanzler, werden die Generale Hitlers auch die Generale Adenauers sein?« Einige Sekunden ließ der deutsche Regierungschef den Fragenden warten, dann kam nur dieser eine Satz: »Ich fürchte, meine Damen und Herren, die NATO wird mir Achtzehnjährige nicht abnehmen.«

Und ein letztes Lescrinier-Stückchen; Adenauer wurde es sofort hinterbracht, und selbst der Anblick der Generäle Speidel und Heusinger hinderte ihn nicht, laut zu lachen. In einer Bundespressekonferenz wurde 1955, als die Herren noch in der alten Ermekeilkaserne saßen, der Oberst i. G. Kurt Fett von Lescrinier gefragt – vom Bürger in Uniform war die Rede –, ob künftig Generäle wieder ein Monokel tragen dürfen. Fett rutschte auf seinem Stuhl und sagte dann: »Ja nun, warten Sie, nach unserem Grundgesetz müßte es erlaubt sein.« Lescrinier: »Zusatzfrage! Dürfen dann auch Obergefreite Monokel tragen?« Die Journalisten brüllten vor Vergnügen.

Im Claridge-Hotel, kurz vor Mitternacht

Am 28. September 1954, kurz vor Mitternacht, warteten in der Lobby des Claridge-Hotels in London der Pariser Korrespondent des deutschen Nachrichtenmagazins »Der Spiegel«, Dr. Lothar Ruehl, und der Leiter des Bonner Büros der amerikanischen Nachrichtenagentur United Press, Rüdiger Freiherr von Wechmar, auf den Bonner Regierungssprecher, den Staatssekretär Felix von Eckardt. Der kam von einem Essen bei Churchill, der auf den anwesenden Kanzler Adenauer, wie von Eckardt in seinen Lebenserinnerungen »Ein unordentliches Leben« festgehalten hat, eine Rede hielt, »in der er seine ganze Meisterschaft in der Beherrschung des Wortes zeigte. Es waren sehr bewegende Worte, die den Kanzler zu einer äußerst gelungenen Antwort inspirierten.« Das Abendessen war überschattet von einem schlimmen Ereignis: In Paris hatte die französische Nationalversammlung die Europäische Verteidigungsgemeinschaft (EVG) abgewürgt.

Im Claridge also versuchten die beiden deutschen Journalisten noch etwas von Eckardt zu erfahren, der sich bald mit von Wechmar empfahl. Ruehl erlebte eine Sternstunde des Journalismus. Verdeckt von einer Säule, wo er noch einige Notizen zu Papier brachte, wurde er Zeuge eines

»Welthistorischen Gesprächs«, wie es Carl Amery 1964 in seinem Buch »die Provinz« nannte. Mit dem luxemburgischen Ministerpräsidenten Josef Bech und dem belgischen Außenminister Paul-Henri Spaak war Adenauer ebenfalls von jenem Essen bei Churchill gekommen. Man genehmigte sich in der Halle des Claridge noch einen Whisky, und Ruehl notierte, was er ungewollt belauschte. Adenauer: »Wenn ich einmal nicht mehr da bin, weiß ich nicht, was aus Deutschland werden soll, wenn es uns nicht doch noch gelingen sollte, Europa rechtzeitig zu schaffen . . . Nutzen Sie die Zeit, solange ich noch lebe, wenn ich nicht mehr bin, ist es zu spät – mein Gott, ich weiß nicht, was meine Nachfolger tun werden, wenn sie sich selbst überlassen sind, wenn sie nicht in fest vorgezeichneten Bahnen gehen müssen, wenn sie nicht an Europa gebunden sind . . . Wenn wir jetzt aufgeben, ist Europa gescheitert, und alles war und bleibt vergebens . . .«

Mein Gott, hatte er gesagt, was wird aus Deutschland werden! Weder in seinen noch in von Eckardts »Erinnerungen« steht ein Wort davon. Nachzulesen ist es aber bei Arnulf Baring: »Im Anfang war Adenauer« (1971, Deutscher Taschenbuch Verlag).

Und jetzt noch einmal Carl Amery: »Es war eines der besten Gespräche, wohl auch das ehrlichste, das wir von ihm kennen. Es hat ihn vor unverdächtigen Zeugen als ehrlichen Gegner des deutschen Nationalismus ausgewiesen, hat die Kraft freigelegt, die ihn antrieb: eben die Besorgnis vor jenem Nationalismus, den er in einem langen Leben fürchten gelernt hatte ... Ist dieses letzte, prominente Beispiel zu weit hergeholt? Ich glaube nicht. Adenauer ist ja auf eine ideale Weise wirklich der Kanzler der deutschen Provinz gewesen. Seine Tugenden waren die Mäßigung, die Ablehnung des Größenwahns, eine realistische Einschätzung der Möglichkeiten – und jenes Gespür für persönliche Verhältnisse in der Politik, das man nur in Rathäusern lernt.«

Wollte Konrad Adenauer der Geschichte oder den Historikern ein Schnippchen schlagen, daß er es unerwähnt ließ?

Im Februar 1967, auf seiner Reise zu Franco nach Madrid, sechs Wochen vor seinem Tode, machte der Einundneunzigjährige Station in Paris. Bei einem Empfang in der alten Saarländischen Botschaft führte ihm der Protokollchef der Deutschen Botschaft den Pariser Korrespondenten der deutschen Tageszeitung »Die Welt« zu, Lothar Ruehl. Adenauer wörtlich: »Jaja, Herr Ruehl, wir kennen uns schon seit langem, wir haben vor Jahren eine interessante Abendstunde zusammen erlebt.« Er hat das Gespräch von 1954 nie dementiert.

Hildchen

»Glauben Se ja nicht, daß ich gerne Bundeskanzler bin«, sagte Adenauer der Bonner Journalistin Hilde Purwin 1960 bei einem Interview, »ich bin et nicht gern.«

Hildchen, wie sie 1982 im Presseballalmanach liebevoll genannt wurde, hat drei Jahrzehnte die Essener NRZ als Korrespondentin in Bonn vertreten, und »wegen der alten Liebe zu Genossen, schrieb sie aus Bonn meist rote Glossen«, dichteten die Kollegen. »Schon Adenauer, Erhard, Kiesinger und Brandt fraßen ihr willig aus der Hand. Nur ein Herr Schmidt, vom Amt entlassen, galt ihr als Meister aller Klassen«, hieß es im Poem über sie. Ihr Herz jedoch hatte zwei Kammern. In der einen saß Adenauer, in der anderen Helmut Schmidt. Adenauer zu Hildchen: »Ich weiß ja, dat Se falsch wählen.«

Adenauer eines Tages zu ihr: »Ich rede gerne mit Ihnen; weil Se ne Frau sind. Frauen sehen die Politik mit anderen Augen.« Hilde Purwin stutzte nicht lange, sie entgegnete: »Weshalb, Herr Bundeskanzler, haben Sie denn keine Frau im Kabinett?« Über das weibliche Element in der CDU/CSU Bundestagsfraktion replizierte er: »Sie kennen doch die Damen meiner Fraktion, die gerne Minister werden möchten. Soll ich es wegen einer Frau mit allen verderben?«

Berühmte Bonner Partygänger

Zu den Schmuckstücken der Bonner Gesellschaft der fünfziger und sechziger Jahre gehörten der britische Botschaftsrat Lance Pope und der Bevollmächtigte des Saarlandes, Karl Waltzinger, mit ihren charmanten Damen. Waltzinger war einer der tüchtigsten Länderbevollmächtigten in Bonn. Er und Pope waren auch berühmte Partygänger und enge Freunde geworden. Pope, als Pensionär längst auf seinem Landgut in Britannien, und wenn er dort nicht gestorben ist, dann lebt er immer noch, war 1940 als Infanterieoberleutnant bei der Schlacht um Dünkirchen in deutsche Kriegsgefangenschaft gekommen. Aus Deutschland hatte er zwölf Fluchtversuche unternommen, der letzte aus dem Lager Eichstätt in Bayern hatte ihm zweieinhalb Jahre Straflager Kolditz bei Leipzig eingetragen. Vom Saarland-Bevollmächtigten Waltzinger, der Alter Herr eines studentischen Corps war, war er als Ehrenmitglied »gekeilt« worden. Pope, bei Festivitäten des Corps ein gerngesehener Gast und Zecher, war ein passionierter Jäger, wie sein eindrucksvoller Gamsbart am Hut auswies.

Nach einem Vortrag am Vorabend einer Diplomatenjagd in Oelde über den Jagdschriftsteller Hermann Löns fragte einer aus der schon angeheiterten Runde, ob der Text des Englandliedes aus dem letzten Krieg nicht auch von Löns stamme. Dies hörend, griff Pope zu einer Ziehharmonika, und dann sang die wohl vierzigköpfige Gesellschaft, meist Deutsche, von Pope unentwegt angefeuert, dies Lied: »Denn wir fahren, denn wir fahren, denn wir fahren gegen Engelland.« Nur einer in der Runde blieb mucksmäuschenstill und tat so, als ob er das Lied noch nie gehört habe: der Sprecher des Auswärtigen Amtes, Karl-Günther von Hase.

»Wat hab' ich da gehört«, fragte ihn Kanzler Adenauer, »da ist dat Englandlied gesungen worden? War der Herr Lübke denn dabei? Da müssen die Herren aber ordentlich getrunken haben. Der Churchill wird sich ja im Grabe rumdrehen, wenn der dat von seinem Botschaftsrat gehört hätte.«

Die Fußnoten

1957 bekam die CDU/CSU bei der Bundestagswahl die absolute Mehrheit im Parlament. Die Wähler hatten sich in ihrer Mehrheit für das Gespann Adenauer-Erhard entschieden. Ludwig Erhard, der Wirtschaftsminister, hatte gerade sein Buch »Wohlstand für alle« herausgebracht, und Kanzler Adenauer hatte es mal durchgeblättert. Adenauer: »Der Erhard will doch ne Professor sein, dabei hat dat Buch nicht eine einzige Fußnote.« Fußnoten sind durch Sternchen oder kleine Ziffern gekennzeichnete Anmerkungen unter dem

Text einer Druckseite zur Erläuterung, als Quellenangabe oder Literaturnachweis. Erhard, meinte Adenauer, sei wohl kein Schwergewicht unter den Professoren; er sei überhaupt kein Professor, das merke man doch an den fehlenden Fußnoten im Buch.

Ein späterer Nachfolger der beiden, Helmut Schmidt, hielt Erhard »für ein Genie«,* weil er 1948 die freie Marktwirtschaft eingeführt hatte.

Hm, hm, ja, ja

Es war Ende der fünfziger Jahre. Ein Staatsbesuch kam an den Rhein. Der Hof war in Aufregung. Hier nun ist eine Verfremdung von Personen und Ort notwendig, damit nicht die diplomatischen Beziehungen zwischen der Bundesrepublik und jenem Staat getrübt werden, aus dem der Staatsbesuch kam. Der Staatsbesuch betraf einen Staatschef, auf den seine Staatsgeschäfte so schwer drückten, daß er kurz danach seinen Zylinder nehmen mußte. Er ging sogar außer Landes. Im Gefolge jenes Staatschefs also befand sich eine Dame, die das Bonner Protokoll nicht recht einzuordnen wußte. Als Sekretärin war sie deklariert und getarnt. Das deutsche Protokoll, dem die Witterung für eine

---

* Schmidt 1980 zum Autor dieses Buches.

Affäre in der Nase lag, brachte die attraktive Dame, sie war schwarzer Hautfarbe, im Bonner Hotel »Königshof« ein Stockwerk tiefer unter als den hohen Herrscher, der aus einer volksdemokratischen Republik aus Schwarzafrika kam. Verdachtsmomente ließ Protokollchef Sigismund von Braun auf dem Flugplatz Wahn, als die Delegation ankam, noch außer acht. Aber schon im Hotel hatte das Protokoll geschaltet, als der Bonner Botschafter jenes Landes ein diskretes Augenzwinkern angebracht hatte. Die besagte Dame bekam gewissermaßen stehenden Fußes ein Appartement neben ihrem Staatspräsidenten auf derselben Etage. Eine Sekretärin, das ist wahr, muß in unmittelbarer Nähe ihres Chefs untergebracht sein. Ganz unschuldig wurde der Dame das Bundesverdienstkreuz am Bande verliehen. Sie trug es beim Galaempfang in der Bonner Beethovenhalle an ihrem Dekolleté mit einer Grandezza, wie es **Frau** Pappritz nicht korrekter hätte vorschreiben können.

Eingriffe in sein Nachtleben konnte sich jener volksdemokratische Herrscher, welcher sich Präsident nannte, nicht gefallen lassen. Am zweiten Tag jenes Staatsbesuches geschah etwas Unerwartetes, und damit erfolgte doch noch ein Eingriff in dieses Nachtleben. Mit einem Helikopter der belgischen Luftverkehrsgesellschaft SABENA traf in Bonn überraschend noch der Handelsminister jenes Landes ein. Und dann soll es zwischen dem Staatspräsidenten, der ihn nicht nach Bonn zitiert hatte, und diesem Handelsminister zu einem Eklat gekommen sein. Denn des Staatspräsidenten Sekretärin war niemand anders als des Handelsministers Frau. Protokollchef von Braun war verpflichtet, Adenauer die Sache als besonderes Vorkommnis zu melden, und zwar noch in der Beethovenhalle. Die beiden Herren schmunzelten sich einen Streifen, und dann besann sich Adenauer auf Goethe, schickte den Blick auf jene Dame, die am Busenlatz das Bundesverdienstkreuz trug, und gab der Episode auch einen geistigen Unterbau, indem er das Goethewort zitierte: »Hm, hm, ja, ja!«

Nachdenken bei Erhard

Man weiß nicht immer, wie sich die Welt in den Köpfen unserer hohen Politiker malt, wie sie zu Schlüssen und Entscheidungen kommen, ob sie zu abstraktem oder konkretem Denken neigen. Der eine neigt zu realistischer, der andere mehr zu illusionistischer Denkweise. Der eine spricht von geistiger Führung und moralisch-geistiger Erneuerung in diesem unserem Land, der andere schlicht und unbefangen wieder vom Vaterland. Vielleicht ist die Welt ganz anders, als sich das einzelne Leute denken.

Es liegt fast ein Vierteljahrhundert zurück, aber

es lohnt sich, es noch einmal publik zu machen. 1960 war Vizekanzler Professor Ludwig Erhard nach schwerer Grippekrankheit auf dem Wege der Besserung. 1983 sagt Dr. Karl Hohmann, Chef der Ludwig-Erhard-Stiftung, es sei keine Grippe, sondern Erhards erster Herzinfarkt gewesen. Die erste Zigarre war nach einigen Tagen fällig gewesen – er rauchte wieder – Gott sei Dank! Er empfing auch schon wieder Besucher in seinem Haus in der Bonner Schleichstraße. Aber dann geschah etwas Verblüffendes: Erhard ließ einem Manne sagen, der ihn besuchen wollte und den er schätzte: Er habe keine Zeit, er müsse nachdenken. Er hätte sagen können, er fühle sich noch nicht gut, man möge Verständnis haben. Aber nein, er sagte: er habe keine Zeit, er müsse nachdenken.

Wir stehen nicht an, diese Absage an einen Bekannten in den Rang einer Tugend zu erheben. Ein Mann dachte nach! Heißt nicht ein altes chinesisches Sprichwort, daß Nachdenken die schwerste Form der Arbeit sei? Ludwig Erhard horchte wahrscheinlich in sich hinein; nicht aus Selbstzweck oder aus Langeweile, zu der ihn schließlich die lange Krankheit gebracht haben konnte. Er dachte nach, wie sollte er auch anders, mit seinem Verstande. Vielleicht flüsterte ihm eine Eingebung etwas ins Ohr, vielleicht war es seine rechte Hand Dr. Karl Hohmann, die ihn zur Mäßigung mahnte. Vielleicht drosselte er Ärger, vielleicht bewahrte er den Ärger, daß er nicht ins Schäumen geriet. Vielleicht flüsterte ihm der weise Roland Risse ins Ohr: Mach mal Pause. Niemand wußte, worüber Erhard nachdachte. Vielleicht waren es polemische Gedanken. Oder ironische Gedanken. Vielleicht dachte er nicht nur beiläufig über den Mann im Palais Schaumburg nach, der gerade wieder hatte wissen lassen: Nein, diesen Erhard will ich nicht. Gerade gab es aktuellen Anlaß, sich über die Heizölsteuer zu ärgern. Vielleicht – wahrscheinlich sogar – dachte er bei seiner Grippe nur mit halber Kraft nach. Jedenfalls: Einem Menschen absagen, weil er nachdenken muß – das war eine großartige Sache. Adenauer erkundigte sich bei Hohmann: »Hat de Herr Erhard den Gerstenmaier wirklich nicht sehen wollen und gesagt, er müsse nachdenken?«

Schwarz und Grün

Die Erfahrung lehrt uns, daß die einzelnen Farben besondere Gemütsstimmungen geben. Dieser lapidare Satz stammt nicht von den Architekten der Bundesbaudirektion, nicht vom Ältestenrat des Bundestages, nicht vom Zentralverband der Farbenkünstler oder vom Werbechef der Bayer-Werke Leverkusen. Dieser Satz stammt von einem Manne, der als wissenschaftlicher Außenseiter u. a. eine Metamorphose der Pflanzen, einen Versuch über die Gestalt der Tiere und eine Abhandlung über den Zwischenkieferknochen beim Menschen geschrieben hat. Die Wissenschaftler haben ihn nicht ganz ernst genommen, als er zwei Oktavbände und ein Quartheft über die Farbenlehre schrieb, in der er jenen Satz unter Ziffer 762 festhielt. Der Mann hieß Johann Wolfgang von Goethe.

Wir wissen nicht, ob die Dame aus Dänemark, die in den fünfziger Jahren halboffiziell den Deutschen Bundestag und das Palais Schaumburg, den Sitz des Bundeskanzlers, besuchte, diese lapidare Goethe-Weisheit kannte. Es lag jedenfalls nahe, denn kaum hatte sie unter der sachkundigen Führung des Bundestagsdirektors den Plenarsaal betreten und ihren Blick ins weite Rund der Bundesarena geschickt, als sie erschrocken ausrief: »Lieber Himmel, Schwarz und Grün als Grundfarben im Parlament? [Die Sitzpulte waren schwarz, die Sitzbezüge grün.] Hat denn niemand gewußt, daß bei diesen Farben gar kein Humor aufkommen kann?«

Aber es kam noch schöner. Der dänischen Dame wurde auch der Kabinettssaal im Palais Schaumburg gezeigt. Drei große Lüster lassen ihn gewissermaßen in einem Meer von Licht erstrahlen, das hell ist und doch nicht grell und dabei diskret von der hohen Decke niederflutet. An der Wand hingen zwei große Bilder, im achtzehnten Jahrhundert gemalt, das eine Elisabeth von Braunschweig-

Lüneburg darstellend, in Reifrock und Korsett gezwängt, das andere ihren Mann, Kaiser Karl den Sechsten. Im Raum standen ein paar Nußbaumkommoden aus dem Rokoko, auf dem Boden lagen ein paar wertvolle Teppiche; das alles wirkte zusammen, um ein schönes und vornehmes Bild zu schaffen. Die Dame aus Dänemark stutzte: der große, rundlängliche Kabinettstisch, umstellt von zweiundzwanzig Stühlen, war ebenfall aus schwarzem Holz, die Decke von grünem Filz. Die Stühle waren ebenfalls schwarz und grün überzogen.

Wie es der Zufall wollte, kam Konrad Adenauer vom oberen Stockwerk herunter, wo seine Arbeitszimmer lagen, um zu seinem draußen wartenden Wagen zu gehen. Damit hatte die Dänen-Dame nun nicht gerechnet, auch noch dem berühmten Mann gegenüberzutreten, dem Mann der einsamen Entschlüsse, wie sie wußte. Der Ministerialdirigent Josef Selbach, der Leiter des Kanzlerbüros, der den Dänenbesuch geführt hatte, machte die Dame im Vorbeigehen mit dem Kanzler bekannt, der ein beschwichtigendes Gesicht aufgesetzt hatte, sonst aber nach einsamen Entschlüssen aussah. Sie ihrerseits dachte abermals an einen einsamen Entschluß, bedankte sich, daß man ihr den Kabinettssaal gezeigt habe, und dann kam der Satz, den sie schon im Plenarsaal des Bundestages losgeworden war: Ob die Farben Schwarz und Grün ein Zugeständnis an die moderne Neuzeit seien, aber da könne doch kein Humor gedeihen. Zwei, drei

Sekunden schien der Bundeskanzler scheinbar belämmert zu sein, wenn man das von einem Staatsmann sagen kann und darf.

»Die Architekten«, sagte Adenauer, »lassen nicht mit sich spaßen. Der Herr Schwippert ist für die Farben verantwortlich. Warum er sie nahm, ich weiß es nicht; aber jetzt bin ich ziemlich sicher, warum im Kabinett nie gelacht wird. Es liegt an den Farben.«

»Ich bin einzig«

»Ich bin einzig«, sagte er, als er 1965 als Alterspräsident den Bundestag eröffnete. – Ähnlich ging es mit den Ehrendoktorhüten, auch da war er einzig. Da hielt er es wie mit den Enkelkindern, er hatte jeweils 24; wenn er dazu auch noch zwei Ehrenbürgerschaften der Universitäten Köln (1925) und der Sophia-Universität Tokio (1960) bekam. Adenauer hatte fünf Ehrendoktorhüte der Universität Köln, die er als Oberbürgermeister 1919 gegründet hatte (Dr. rer. pol. und Dr. med. 1919, Dr. jur. 1922, Dr. phil. 1923, Dr. rer. nat. 1956), ferner elf aus den USA, darunter so berühmte wie Georgetown, Washington, Columbia, New York, Harvard, Massachusetts, Yale, New Haven, alle aus den fünfziger Jahren. Die Amerikaner wußten, was sie an ihm hatten. Von deutschen Hochschulen hatte er noch den Dr.-Ing. E. h. der Technischen Universität Berlin-Charlottenburg (1954) und der Albert-Ludwig-Universität Freiburg/Br. (1957). Pikanterweise hatte ihn die Friedrich-Wilhelms-Universität Bonn nicht mit einem Doktorhut ausgezeichnet, zumal er es auch nicht zu einer eigenen Promotion gebracht hatte. Unter den ausländischen Ehrenhüten sind noch Ottawa (1953), Teheran (1957), Löwen/Belgien (1958), zweimal Japan (1960) und Israel (1966) zu erwähnen.

Schön und gut dies. Eine stille Rivalität in der Zahl gab es mit dem Vizekanzler und Bundeswirtschaftsminister Ludwig Erhard, der Adenauer immer dicht auf den Fersen war. Der Ruhm der beiden Männer, die sich gegenseitig nichts zu sagen hatten als dies: Der Erhard versteht nichts von Außenpolitik, und: Adenauer hat von Wirtschaft keine Ahnung, war weltweit. Erhard hätte auf seine Visitenkarte allerdings einen eigenen und aus Deutschland noch je einen Ehrendoktor der Technischen Universität Berlin (1952) und der Hochschule für Wirtschafts- und Sozialwissenschaften in Nürnberg (1954) setzen können. Auch ihn hatten die USA mit vielen Ehren gesegnet (Milwaukee, Indianapolis, Washington, Boston, Maryland, Columbia, Michigan), aber auch Chile, Indien, Japan, Iran, Spanien, Portugal, Schweiz (St. Gallen), Israel, Guatemala, Kolumbien, Argentinien (Buenos Aires und Mendoza) stehen in der Erhard-Liste.

1967 kam Altbundeskanzler Erhard aus Amerika zurück, dort waren ihm zwei Doktorhüte honoris causa verliehen worden, darunter vom Lutherischen Wartburg-College im Staate Iowa für Verdienste um die lutherische Laienbewegung der D. theologiae, der Doktor der Gottesgelehrtheit. Mit der Verleihung hatte es diese Bewandtnis: Erhard hatte von zwei Jesuiten-Hochschulen, nämlich 1954 von der katholischen Universität Santiago de Chile und 1958 von der Sophia-Universität in Tokio, in beiden Fällen den Dr. oec. ehrenhalber verliehen bekommen. Den Bischof D. Hermann Kunst, den Bevollmächtigten der Evangelischen Kirche Deutschlands bei der Bundesregierung, der sich selber gern »das Auge Gottes« nannte, ließ es mehrere Jahre nicht ruhen, bis er eine Hochschule im fernen Amerika gefunden hatte, die aus Gründen der Parität dem Protestanten Erhard wenigstens einen evangelischen Doktorhut herzugeben bereit war.

Adenauer brachte es auf 24, Erhard auf 23 Ehrendoktorhüte. Der Uraltbundeskanzler Adenauer hätte also am Ende seiner Tage, den Blick auf den Altkanzler Erhard werfend, noch einmal sagen können: »Ich stelle fest, ich bin einzig.«

Grütze im Kopf

Wenn ein Volksvertreter die Abgeordnetenpostulate erfüllt: Vertreter des ganzen Volkes zu sein, an Aufträge und Weisungen nicht gebunden, nur seinem Gewissen unterworfen, dann kann man sagen, daß er gute Qualitäten hat. Dazu soll er allerdings ein bißchen Grütze im Kopf haben, ein wenig von diesem oder jenem verstehen, und möglichst sollte er auch der freien Rede mächtig sein, obwohl die guten Redner nicht immer die besseren Abgeordneten sind. Ein größerer Posten Grütze, zum Beispiel in der Sozialpolitik oder auf irgendeinem Gebiet der Innen- oder Wirtschaftspolitik, wird sogar gelegentlich belohnt.

Einen geringeren Posten Grütze in Sachen Außenpolitik hatte eine Volksvertreterin aus Tübingen; sie gehörte der CDU an. Es war nach der Bundestagswahl 1953, als in den Fraktionen die Besetzung der Ausschüsse diskutiert wurde. Jene Volksvertreterin, sonst eine tüchtige Dame von statiöser Figur, aber mit nur dünnen Vorstellungen von der Außenpolitik, unbelastet auch vom Wissen über die Kleinkriege in den Fraktionen, die sich bei Ausschußbesetzungen abzuspielen pflegen, ging zunächst zu dem gerade zum parlamentarischen Geschäftsführer bestellten Will Rasner, der am meisten in diesen Dingen zu fummeln hatte, dann zum Fraktionsvorsitzenden Heinrich von Brentano, dann aber direkt zum Außenminister selbst, dem Bundeskanzler Adenauer. Ihm lauerte sie in der Lobby auf. Doch Adenauer verwies sie an die Fraktion, darum könne er sich nicht kümmern. Sein Erstaunen geschickt verbergend, fragte er, ob sie denn etwas von Außenpolitik verstehe. Vielleicht glaubte die Kollegin, gerade in diesem Ausschuß etwas Weltgeschichte spüren und mitgestalten zu können. Aber nichts dergleichen. Sie sagte: »Verstehen tu ich nicht gerade viel von Außenpolitik, aber, Herr Bundeskanzler, wird man da nicht oft eingeladen? Gesellschaftlich finde ich das so interessant.«

Die Überbleibsel

Anschauliche Berichte aus der Gründerzeit der Bundesrepublik lagen kaum noch vor, als Adenauer 1967 seinen 91. Geburtstag beging. Auch der Bundeskanzler Kiesinger, gerade fünf Wochen im Amt, gehörte zu den Gratulanten. Aber das Thema jenes Jahres 1949 sparte man aus. Kiesinger sagte schmunzelnd, er hoffe, daß er mit Adenauers Rat rechnen könne, wenn es einmal nötig sei. Fragen könne er ihn immer, entgegnete Adenauer, aber ob er einen Rat gebe, das wisse er noch nicht. Jetzt nun replizierte Kiesinger wieder schalkhaft: »Sicher werde ich Ihren Rat hören, Herr Adenauer, aber ob ich ihn immer befolgen werde, weiß ich noch nicht.« Der Jux saß bei beiden Herren ziemlich lose.

Nur die Leute, die schon die Weihen des Jahres 1949 in Bonn empfangen hatten, erlebten plötzlich das 49er Szenario wieder. Im Bonner Bürgerverein konstituierte sich damals die erste CDU/CSU-Fraktion. Der Abgeordnete Adenauer ließ die Fraktion wissen, wie er sich die Besetzung der wichtigsten Posten vorstelle. Der Akzent lag in dieser Richtung: Wir Alten werden es noch mal machen müssen.

Schnell meldete sich ein unbekannter Abgeordneter: Ihm scheine, daß die für diese Ämter vorgesehenen Herren Überbleibsel — wenn auch liebenswürdige — aus dem vergangenen Jahrhundert seien, und ob man nicht besser einen neuen Anfang mit jungen Leuten machen wolle. Hier mußte sich nun Adenauer ureigenst angesprochen fühlen; er war damals 73, der junge Mann, wie sich herausstellte, 45 Jahre alt.

»Ich hoffe«, sagte Adenauer und parierte sofort die Frechheit, »daß viele solcher Überbleibsel am Aufbau des neuen Staates beteiligt sein werden.«

»Sie waren nicht gemeint«, lenkte der Fünfundvierzigjährige ein.

»Ach so«, entgegnete der Dreiundsiebzigjährige, ohne allerdings mit den Zähnen zu knirschen, »Sie meinen, ich sei doch liebenswürdig.«

Der junge Abgeordnete hieß Kurt-Georg Kiesinger.

Generale sind alle steif

»In sudore veritas« — Im Schweiß ist Wahrheit — steht im Eingangsraum einer Bonner Vorortsauna. Das treffende Lateinerwort geriet in dieser Sauna in einen sonderbaren Zusammenhang mit der Generalität der Bundeswehr. Manche Leute aus dem höheren Offizierskorps hatten der Sauna, dem finnischen Schwitzbad, Geschmack abgewonnen, und sie unterzogen sich regelmäßig der Prozedur des Schwitzens. Nicht nur der Dienst im riesigen Apparat des Bundesverteidigungsministeriums auf der Hardthöhe war ein energisches Schweißtreibemittel, sondern auch, wie gesagt, die Sauna.

Regelmäßiger Besucher dieser Sauna war auch ein bekannter Fernsehmann, der Leiter des Bonner Büros der ARD, Günter Müggenburg, der Vorgänger des lieben Friedrich Nowottny. Auch Müggenburg genügte das Fernsehen nicht als einziges Schweißtreibemittel. Müggenburg traf mit einem älteren Herrn zusammen, einem General a. D., wie sich herausstellte, der überdies in den zwanziger Jahren als Zehnkämpfer Angehöriger der deutschen Olympiamannschaft gewesen war. Noch heute fiel der General a. D. durch einen sportgestählten Korpus auf. Und ebendort verweilte Fernsehmann Müggenburg, als er nachher der Masseuse sagte, die wendigsten und durchtrainiertesten Männer seien wahrscheinlich die hohen Offiziere aus dem Bundesverteidigungsministerium. Die Masseuse kommentierte diese Bemerkung ihrerseits mit einem Aphorismus: »Daß ich nicht lache«, sagte sie, »die Offiziere haben die verkrampftesten Muskelpakete von allen Leuten, die ich hier zu massieren habe. Der Olympasieger ist eine Ausnahme.«

Das Wort der Masseuse blieb aber keine Original-Sauna-Feststellung. Schon Adenauer, Lieferant vieler goldener Worte, hatte es festgestellt: »Generale sind alle so steif. Und wissen Se, woher dat kommt? Dat kommt von den steifen Verbeugungen, die se in den Kasinos machen.«

Verdünnungsmittel und Lösungsmittel

Über besondere Vorkommnisse in ihren Ressorts hatten die Minister, schon weil es der Auflockerung diente, in den Kabinettssitzungen zu berichten. Adenauer hatte es so gewünscht. Wenn zwei mal zwei wirklich vier ist, wie alle Finanzminister behaupteten, dann verdanken wir dieses Resultat nicht nur Adam Riese, sondern auch der Tatsache, daß die Menschen so fleißig Steuern bezahlen. Ob die Bonner Lobbyisten, die Behördenvertreter großer Firmen und Verbände auch zu diesem Rechenergebnis beitragen, sei hier nicht erörtert.

Auch die Lobbyisten, immer mehr als vierhundert in Bonn, müssen es sich gefallen lassen, daß gelegentlich die Steuerprüfung bei ihnen anklopft und freundlich fragt: »Guten Tag, dürfen wir mal in Ihre Bücher schauen?« Die Lobbyisten, das liegt nahe, haben einen besonders hohen Repräsentationsaufwand. In Bonn ist dabei freilich Vorsicht am Platze. Auch nicht der Schein eines Versuches darf in einem Mittagessen gesehen werden. Bei einem Lobbyisten, der ein großes Werk für Farben und Lacke vertrat, fanden die Steuerprüfer immer wieder Bucheintragungen über »Verdünnungsmittel« und »Lösungsmittel«. So was paßte, wie jeder zugeben wird, vorzüglich zu Farben und Lacken. Aber die Steuerprüfer interessierte auch die Nuance; also kontrollierten sie auch die Rechnungen zu den Bucheintragungen, und dort stellte man fest, daß die Verdünnungs- und Lösungsmittel nichts anderes als Alkoholika waren, die der Lobby zur Verfügung standen gemäß der alten rheinischen Spruchweisheit: Wer gut schmiert, der gut fährt.

Der Finanzminister Rolf Dahlgrün (1962 bis 1966) sagte zu seinem Bundeskanzler Adenauer also, bevor er es zum besten gab: es darf gelacht werden. Und der gab retour: »Was hat der Mann denn für 'n Reibach gemacht?«

»Spiegel«-Leute

In der Mitte der sechziger Jahre kam die englische Königin Elizabeth II. zu einem Staatsbesuch in die Bundesrepublik. Ein Ereignis dabei vergaßen die Bonner Historienschreiber, die sonst alles in Breitwandcolor vorführten, in ihren Chroniken zu verewigen. Sie kannten das Ereignis nämlich nicht. Das deutsche Staatsoberhaupt, Bundespräsident Lübke, lud an die dreitausend Menschen zu einem Galaempfang ins Schloß Brühl ein. Das britische Staatsoberhaupt lud für den nächsten Abend mit einer Gegeneinladung zum Hotel Petersberg viele hundert Menschen ein. Bundespräsident Lübke ließ der Königin übermitteln, ob man vorher Einblick in die britische Gästeliste nehmen dürfe. Die Britische Botschaft gewährte es, obwohl das nicht üblich ist. Auf der britischen Gästeliste stand der Name eines Mannes, den Lübke aus manchen Gründen für einen Lümmel, mindestens aber für ein öffentliches Ärgernis hielt. Wenn der Mann eingeladen werde, ließ man die Britische Botschaft wissen, werden der Bundespräsident und Altkanzler Adenauer nicht kommen. Rudolf Augstein, der Anstößige, wurde von der Liste der Königin gestrichen.

In den fünfziger Jahren empfing Adenauers Freund Robert Pferdmenges in seinem Kölner Bankhaus den Bonner Korrespondenten des »Spiegel«, Claus Jacobi, unter den Bonner Journalistenfreunden »Jakko« genannt, später einige Jahre Chefredakteur des Nachrichtenmagazins, danach viele Jahre Chefredakteur der »Welt am Sonntag«. Jacobi schrieb für den »Spiegel« eine Geschichte über Pferdmenges. Einge Tage danach fragte Pferdmenges Freund Adenauer, ob er nicht auch den Herrn Jacobi kenne. Auch Adenauer hatte ihn in guter Erinnerung, denn die »Spiegel«-Affäre war noch nicht passiert. Pferdmenges sagte ohne Umschreibung: »Das ist ja ein Mann mit Manieren; ich dachte immer, die ›Spiegel‹-Leute seien Rabauken.« So weit wollte Adenauer nun doch nicht gehen, daß die »Spiegel«-Herren gute Manieren hätten. Als der engagierte Protestant Pferdmenges dann erfuhr, daß der Vater Jacobis ein bedeutender Hamburger Exportkaufmann, der Großvater väterlicherseits Pfarrer gewesen sei, war zunächst Frieden mit dem »Spiegel« geschlossen. O-Ton Adenauer: »Ich trau' den Burschen nicht.«

Sauerkraut, »sure Kappes« und Kohl

Durch Westeuropa reisten 1962 rund zwei Dutzend Generale der NATO der verschiedensten Nationalität. Sie kamen auch in die Bundesrepublik. Da sie Ausländer waren, hätten sie Deutschland am liebsten mit dem Begriff »Sauerkraut« identifiziert. Die Engländer benützen für Sauerkraut laut NATO-Sprachfibel das Wort »pickled« oder »sour cabbage«, die Franzosen in ihrer Sprache das Wort »choucroute«, die Italiener hätten »cavoli insalati«, die Holländer schlicht »zuurkool« und die Dänen ebenso schlicht »surkaal« sagen können, was Sauerkraut in ihrer Sprache heißt. Aber »Sauerkraut« kam ihnen allemal auch in deutscher Sprache über die Lippen. Die Termini »Sauerkraut« und »Bier« braucht man keinem Ausländer in seine Sprache zu übersetzen. Das Spezifische dieses mit dem Krauthobel geschnittenen Weißkohls, in Fässern gestampft, sind Salz, Wacholderbeeren, Kümmel und Wein. Roh oder gekocht, es ist eine Delikatesse, man mag sagen, was man will. Von Ausländern wird das Sauerkraut gerne etwas abschätzig als deutsches Nationalgericht bezeichnet. Überall gab es für die NATO-Generalität gutes Essen, aber noch nirgendwo hatte es Sauerkraut gegeben. Die deutsche Speisenkarte enthielt offenbar mehr Gerichte, als sich sämtliche Generale der NATO träumen ließen. Am fünften Tage sah man sich Köln, am sechsten Düsseldorf an, und hier geschah es nun. Die Generale waren zu Gast bei einem Großindustriellen, der ein weltbekanntes Waschmittel herstellte. Der dienstälteste General, ein Engländer, dankte in seiner Tischrede dem Gastgeber und ließ humorvoll einfließen, jetzt sei man schon eine Woche in Deutschland, und man habe immer noch kein Sauerkraut bekommen. Es glich einer Enthüllung, als der Gastgeber erwiderte, dann könne er ihnen diese Überraschung mit dem deutschen Nationalgericht bieten; was sie nämlich eben gegessen hätten, sei Sauerkraut gewesen. Freilich war es ein edleres als das landläufige Sauerkraut, nämlich Weinkraut. Und der Industrielle fügte hinzu: »Sogar mit einem besonders guten Wein war es zubereitet.« Die Generale schieden aus Düsseldorf mit besonderen Sauerkrauteindrücken. So abschätzig wollte man die Deutschen, diese Sauerkrautesser, doch nicht qualifizieren.

Am letzten Tage ihres Deutschlandbesuches kehrte man noch einmal nach Bonn zurück, denn der Bundeskanzler habe den Wunsch geäußert, die

Herren zu sehen. Jener Engländer erzählte in einer gesetzten Rede die Geschichte mit dem Sauerkraut. Und das war ein Stückchen nach dem Geschmack des Rheinländers Adenauer. In einem breiten, warmen, herzlichen Strömen sagte er also jenen Männern, von denen er nie viel gehalten hatte — und er brauchte dieses Geheimnis nicht zu lüften, weil es jedermann wußte —: »Meine Herren«, sagte er, und er sah die Herren mit den vielen Orden auf der Brust mit einer gewissen Aufmunterung an, »bei uns im Rheinland heißt das Sauerkraut ›sure Kappes‹.«

Und er hätte noch hinzufügen können, denn Adenauer hatte ja zeitlebens die Eigenschaft des vorausschauenden und metaphorischen Sehens und Denkens: und in zwanzig Jahren wird sogar ein Enkel von mir in diesem unserem Land mein Nachfolger sein, und der wird genauso heißen wie der sure Kappes: Kohl.

Von »Dejool« bis »EeWeJee«

Zwei Bonner Journalisten — Dr. Karl-Heinz Wokker und Claus Heinrich Meyer — brachten es 1963 fertig, den Schallplattenerfolg des Wieners Helmut Qualtinger mit dem »Herrn Karl« zu wiederholen. Damals lief ihr Sprachkurs »Lernt Rheinisch mit dem Bundeskanzler« im Nachtprogramm des

Norddeutschen Rundfunks und des Senders Freies Berlin. Fast alle anderen bundesdeutschen Sender folgten. Die Verfasser beckmesserten an der Sprache, der Sprach- und Stilgestaltung, vor allem aber am Dialekt Adenauers herum. Sie trieben ihr loses Spiel und ihren Jux mit dem »Alten«. Konrad Adenauer, als er die Sendung hörte, drückte ein Auge zu, wahrscheinlich das heitere.

Die Sprachgelehrten Wocker und Meyer ließen gleich zu Beginn erklären, daß dies ein Sprachkurs für alle sein solle, die das Rheinische mögen und die es nicht mögen, und für alle, die den Bundeskanzler mochten und ihn nicht mochten. Was das »Rheinische« sei, vermochten die beiden Männer, die beide Rheinländer waren, nicht genau zu sagen. Trotzdem trafen sie die Feststellung, das Kanzler-Rheinisch zerfalle in Emotional-Rheinisch (also beim Anblick der Opposition etwa: »De Herr Erler is ne jute Mann«) und Kommuniqué-Rheinisch (Beispiel: »Präsident Kennedy bestätigte erneut die Unterstützung der Vereinigten Staaten für die Ziele der Europäischen Gemeinschaft und die Stärkung der atlantischen wirtschaftlichen Zusammenarbeit«).

Der Kanzler, so wurde gesagt, spreche mehrere lebende und tote Sprachen, am besten aber spreche er Rheinisch. Leider stimmte das nicht; Adenauers Idiom war typisch »Kölsch«. Denn das Rheinland hat unzählige Dialekte und Dialektfärbungen. Leute von der Mosel, aus Solingen oder

Kleve, alles rheinische Landschaften, hätten Mühe, sich in ihrer Mundart zu verständigen. Die Uerdinger Linie ist zum Beispiel eine radikale Sprachscheide.

Wenn der »kölsche« Adenauer den Versuch unternahm, ein paar Brocken Englisch, Französisch oder Lateinisch zu reden, dann schrien alle vor Vergnügen, die diese Sprachen auch nur halbwegs verstanden. De Gaulle hieß natürlich auf Kölsch »Dejool«, Reims sprach Adenauer »Rähms« und Versailles »Wersaajes« aus; EWG hieß bei ihm »EeWeJee«. Im Kanzler-Rheinisch war »Paris« eine sehr ernste Sache. Des Kanzlers »Paris« war das Paris eines Generals (er sagte »Pariss«) und nicht »Pariiis« der Musen und der Verliebten. Bei zahllosen seiner Worte fand man ein »Arguamentations-›e‹«; Adenauer sagte zum Beispiel statt »fünf« »fünnef« wie »Honnef« und »Tinnef«, wie die beiden Sprachgelehrten feststellten. Sprache und Politik bildeten bei Adenauer eine unverwechselbare Einheit. Das »g« wurde deshalb je nach Weltlage wie »g«, »j« oder »ch« gesprochen, mit »eu« und »l« war es ähnlich. »Die Situation ist da«, hörte man den Kanzler in seiner klaren Syntax im Kanzler- oder Oberbürgermeister-Rheinisch sagen, »sie kann aber nicht immer da sein.« Natürlich konnte sie nicht immer da sein. Unnachahmlich, wie Adenauer das Wort »Sowjet« aussprach. Man hatte es nicht mit dem lieben, alten Mütterchen Rußland zu tun, sondern mit einem ganz gefährlichen internationalen »Jechner«; Adenauer sagte »die Zoffjets«.

Verleitet von der Vorstellung, daß eine einfache Sprache eine klare Sprache sein müsse, waren ganze Sätze Adenauers, von ihm selbst gesprochen, in die Sendung hineinkomponiert. Adenauer sagte klar und einfach: »Das Jahr hat zwölf Monate«, oder bei einer Rückkehr von einer Amerikareise: »Ich war wech, nun bin ich wieder da«, oder »das ist dumm«. Solche lapidaren Sätze verwandeln Kölschen Most in rheinischen Wein, und man merkte dann, daß es zwischen Himmel und Erde Dinge gab, die es nicht noch mal gab. Adenauer war nicht in eine grammatikalische Schablone zu pressen. Unvorstellbar wäre es gewesen, ihn mit dem Altbundespräsidenten Heuss auf eine gemeinsame Prosalinie zu bringen. Die Sätze von Heuss, das Vielfache in der Länge, würden von Adenauer nicht bewältigt – und umgekehrt. Auch Adenauers Injektionalparenthese »Meine Damen und Herren« wurde von den Autoren der Sendung ausführlich behandelt.

Das genaue Kanzler-Rheinisch, behaupteten die Sprachlehrer Wocker und Meyer, sei nur echt in Kongruenz mit echtem Kanzlerdenken: einfache, aber lange, komplizierte, aber kurze Kanzler-Sätze. Bei komplizierten Kanzler-Sätzen stehe Adenauer ständig an einem Abgrund von Landesverrat. »Holen Se mal einen aus Tanger 'eraus«, sagte er. Oder zum Chronisten und Dr.

Max Schulze-Vorberg in Cadenabbia: »Die Frau Strauß schaut zu ihrem Mann 'erauf, und dat darf se nit.« Oder: »Jeben Se Jas, Klockner.« Man beachte, wie dunkel sich hier Subjekt und Prädikat durch die grammatikalische Geographie bewegen. Auch dieser Satz war ein Sinnbild der Schwierigkeit, gute Sätze Adenauers grammatisch zu zerlegen.

Was die beiden Adenauer-Interpreten in sieben Lehrsendungen vorbrachten, war das Eindringen des Juxes in kölsches, nicht in rheinisches Sprachmilieu. Aber es war wie bei einem fünffüßigen Jambus, wo es weder auf die fünf Füße noch auf den Jambus ankommt. Hier kam es nicht auf das Kanzler-Rheinisch, hier kam es auf den »Spaß an der Freud« an.

Störenfried von Holleben

Bundeskanzler Erhard hat Ende Dezember 1963 seine Antrittsvisite beim amerikanischen Präsidenten Johnson in Texas gemacht. Im nächsten Monat würde er seinem englischen Kollegen, dem Premierminister von Großbritannien, ein zweitägiges Debüt geben. Das Protokoll, das schreckliche, sah scharf darauf, daß alles haargenau nach dem Programm verlief; täglich zweimal, dreimal, viermal den Anzug wechseln, Straßenanzug, dunkler

Anzug, Smoking, Cutaway, das waren die Scherze, auf die gewisse Herren aufzupassen hatten. Jetzt hatten wir auch einen Bundeskanzler, zu dessen Symbol die Zigarre gehörte: er trug ihrer immer mindestens ein halbes Dutzend protokollwidrig in den Hosen- und Jackentaschen; weiß Gott, wie er es schaffte, daß sie nicht kaputtgingen. Mit Zigarrenetuis hatte er es nicht. In Deutschland rauchte Erhard seine Zigarren aus einer lange Spitze. Sein Gesicht wirkte mit Zigarre und Spitze wie eine Empfehlung der Marke »freie Marktwirtschaft«. Nun hatten die Werbepsychologen handfest ins Protokoll gepfuscht, obwohl der Vorgang nichts im Protokoll zu suchen hatte. In den angelsächsischen Ländern möge Erhard bei allen öffentlichen Auftritten, so rieten sie, wohl seine Zigarren rauchen, aber bitte ohne die obligate Spitze. Das sei in diesen Ländern unfein und »komme nicht an«. Tatsächlich sah man Erhard in Texas bereits ohne die Spitze. Da er den Werbeberatern nicht gerne widerstand, würde die verläßliche Marke »freie Marktwirtschaft« auch in England als qualmender Schlot ohne Zigarrenspitze vor den Kameralinsen seine Show abziehen. Auch Protokollchef von Holleben drückte bei Johnson ein Auge zu. So schlang sich der Reigen markanter Werberatschläge bis in die letzte Einzelheit; die Zigarrenspitze mußte weg!

Es ist ein wahres Wort über das Protokoll: viel gelästert – unentbehrlich! Faule Äpfel haben der

Schillerschen Dichtung zur Anregung gedient: die »faulen Köppe« von Bildberichterstattern mußten dem Bonner Protokollchef Holleben eine Anregung sein, wie man das Protokoll noch besser straffen konnte, obwohl bei Journalisten ohnehin – zu dieser Einsicht mußte der Protokollchef längst gekommen sein – Hopfen und Malz verloren war. Bei der Geburtstagsfeier für Adenauer 1964 versuchte anfänglich der Protokollchef, etwas Ordnung ins Gedränge um Adenauer zu bringen. Auch Dufhues und Kraske von der CDU-Führung versuchten sich etwas als Schwimm-Meister des Protokolls. Da Schimpfworte bei solchen Anlässen verpönt waren, zumal über die Presse, beließ es der Protokollchef beim Zähneknirschen und stellte sich abseits. Dufhues und Kraske hatten sich mit der Unfähigkeit, hier etwas ausrichten zu können, abgefunden. Um Adenauer war dichtes Gedränge: seine Kinder, Minister, Journalisten, Staatssekretäre, alte und junge Freunde, nachher ein Haufen Sänger und die Kölner Karnevalsgecken mit lautem Gedröhn. Der »Alte« war ganz in seinem Element. Das Durcheinander und die Unordnung waren hier besser aufgehoben als die Ordnung eines Protokollchefs, der die Möglichkeit aufgegeben hatte, ordnend einzugreifen. Es war so recht rheinisch und gemütlich. Die Unordnung zu vergewaltigen wäre völlig fehl am Platze gewesen. Das Wort über den Protokollchef mit dem Namen Ehrenfried von Holleben kam justament von Adenauer selbst; er sagte nichts als dies: »Störenfried von Holleben.«

Hier ruht Andrej Andrejewitsch Smirnow

Doyen des Bonner Diplomatischen Korps war 1964 der Vertreter des Heiligen Stuhls, der Apostolische Nuntius Erzbischof Bafile. In der Anciennität, also im Dienstalter, folgten ihm der dänische Botschafter Hvass, der am 15. Dezember 1949 sein Beglaubigungsschreiben überreicht hatte, dann der schwedische Botschafter Jödahl, der seit dem 12. April 1956 bei der Bundesregierung akkreditiert war. Als drittältester Missionschef in Bonn fungierte bereits der Sowjetbotschafter Smirnow, der am 3. November 1956 dem Bundespräsidenten sein Beglaubigungsschreiben überreichte. Das Gerücht hielt sich hartnäckig, die Bundesregierung habe bei der dänischen und bei der schwedischen Regierung den Wunsch durchblicken lassen, man möge die Botschafter Hvass und Jödahl nicht ablösen, um zu verhindern, daß Herr Smirnow für den öfters abwesenden Erzbischof Bafile plötzlich als Doyen des Diplomatischen Korps auftreten müsse. Das könne, so sagte man, bei manchen Anlässen zu peinlichen Komplikationen führen. Herr Smirnow machte seit vielen Jahren in Bonn ein bekümmert-negatives Gesicht. Die Schuld an dem wenig erfreulichen Verhältnis Sowjetunion—Bundesrepublik suchte er selbstverständlich nicht bei seiner Regierung, sondern, das ist klar, in Bonn. 1963 reiste er für einige Wochen in die Sowjetunion. Vor der Abreise tat er den melancholischen Spruch: auf seinem Grabstein würden wohl einst die Worte stehen: »Hier ruht Andrej Andrejewitsch Smirnow. Er lebte umsonst, denn er arbeitete für die deutsch-sowjetische Verständigung.« Adenauer, als Smirnow kam, süffisant: »Wo waren Se denn so lange? Waren Se auf der Krim?« Der Chronist, danebensehend, erfuhr dann die erfreuliche Nachricht des Sowjetmenschen, daß seine Tochter Natascha Smirnowa, 28 Jahre alt, des Chronisten Buch »Bonn für Anfänger« ins Russische übersetzt habe. Den Autorenneid Adenauers anstachelnd, sagte er zum Autorenkollegen Adenauer, von Autor zu Autor: »Werden Sie nicht neidisch, Herr Bundeskanzler?« Seine »Erinnerungen« wurden später in zahlreiche Sprachen übersetzt; ins Russische gab es keine Übersetzung.

Erhard in Freundschaft

Wer sich 1963 über des neuen Kanzlers Ludwig Erhard neuen Stil im Palais Schaumburg informierte, erfuhr wenig genug. Bundesminister Ludger Westrick war aus seines Vorgängers Globke Zimmer im Parterre zum ersten Stock in die Nähe Erhards hinaufgezogen.

Auch Erhards Arbeitszimmer wimmelte wie bei Adenauer, was Bilder und Möblement angeht, von Leihgaben aus Museen. Ein paar alte Bilder hatten ein paar neuen alten Bildern Platz gemacht. Auch der Schreibtisch war ausgewechselt. In großer Ahnungslosigkeit standen auf einer Konsole hinter dem Bundeskanzler zwei Fotografien mit eigenhändiger Unterschrift; die eine von General Clay, die andere mit Datum vom 4. Februar 1957 von Konrad Adenauer: »Meinem treuen Mitarbeiter Ludwig Erhard in Freundschaft.« Auf einer antiken Konsole stand das Bildnis von Erhards Doktorvater Oppenheimer, das aus dem Wirtschaftsministerium mit herübergekommen war. Den neuen Bundeskanzler scharf ins Auge gefaßt hatte Barthel Bruyns »Bildnis eines 38jährigen Mannes aus der Familie Pastor in Köln 1544«. Je eine alte Standuhr und eine Wanduhr schlugen Ludwig Erhard die Stunden. In einem holländischen Renaissanceschrank saß der Wurm, in einem Nachbarraum Erhards Intimus Dr. Karl Hohmann. Es führte kein Weg zu Erhard, ohne ihn zu passieren. Man gelangt sehr schnell zu diesem Punkt von Einsicht, und die Bemerkung war durchaus freundlich gemeint: Nur über Hohmanns Leiche ging es zum Bundeskanzler. Ein Kriminalbeamter begleitete den Chronisten durch das, ach, so vertraute Haus. Genau wie einst. Nur die schöne Widmung unter Adenauers Bild »in Freundschaft« entlockte dem Besucher ein Schmunzeln, und da ihm ein Drink angeboten wurde, sagte er still und innig zum Bild hinüber: Prösterchen.

Hermann J. Abs erzählt

Der Bankier Hermann Josef Abs, Geburtsjahrgang 1901, Sohn eines Bonner Rechtsanwalts, stand mehrere Jahrzehnte an der Spitze der Deutschen Bank, deren Sprecher er war. Durch seine Mitgliedschaft in den Aufsichtsräten vieler deutscher Kapitalgesesellschaften übte er bei der bestehenden engen Zusammenarbeit großer Unternehmen mit den Banken nachhaltigen Einfluß auf die Wirtschaft aus. Er war von der Statur her ein Herr und wie Robert Pferdmenges ein enger Berater Adenauers. Von 1951 bis 1953 leitete er im Auftrage Adenauers die Verhandlungen über das Londoner Schuldenabkommen mit solchem Geschick, daß Adenauer ihm das Amt des Außenministers in seinem Kabinett anbot; Abs gab dem Kanzler allerdings einen Korb.

Der über Achtzigjährige erinnert sich und liefert zwei Schmunzelstücke: Adenauer hatte mit Werner Hilpert, dem ersten Präsidenten der Deutschen Bundesbahn, für elf Uhr vormittags an einem Wochentag eine Verabredung getroffen. Die Uhrzeit war bereits überschritten, als Erzbischof Aloisius Muench, ein Amerikaner sudetendeutscher Herkunft, langjähriger Nuntius des Heiligen Stuhls in Bonn, Adenauers Arbeitszimmer verließ. Hilpert und der Nuntius begrüßten sich kurz, dann betrat Hilpert des Kanzlers Arbeitszimmer. Der entschuldigte sich wegen der Terminüberschreitung, aber er, Hilpert, habe wohl gesehen, wen er gerade empfangen habe. Hilpert in der ihm eigenen, etwas burschikosen Art: »Herr Bundeskanzler, Sie haben wohl gebeichtet?« Adenauer: »Dann hätte ich Sie zwei Stunden warten lassen müssen.«
Pferdmenges hatte 1956 Adenauer darauf angesprochen, er müsse, um dem Wahlkampf 1957 zum Erfolg zu verhelfen, erkennen lassen, an wen er für seine Nachfolgeschaft denke. Diese Unterhaltung fand am Abend nach langen Ausschußberatungen, an denen der Abgeordnete Pferdmenges teilgenommen hatte, und einem arbeitsreichen Tag des Kanzlers statt. Pferdmenges fuhr nach Hause, aber während seiner Heimfahrt hatte Adenauer in Köln schon bei Frau Dora Pferdmenges angerufen und gemeint, er mache sich Sorge um ihren Mann, und sie solle mal mit ihm zum Arzt gehen. Frau Pferdmenges versprach, das schon am nächsten Tag zu

tun. Adenauer bat sie, ihm von dem Anruf nichts zu sagen. Einige Tage danach Pferdmenges zum Kanzler: »Herr Bundeskanzler, haben Sie mit meiner Frau telefoniert?« (Sie duzten sich erst seit 1959). Adenauer zwei- oder dreideutig: »Ich? Wieso?« Über die Nachfolgeschaft war seitdem zwischen den beiden nicht mehr die Rede. Man sagte nicht zu Unrecht, Adenauer habe es faustdick hinter den Ohren.

Blank und die Vielweiberei

In der Bundesrepublik waren 1963 mehr als 850 000 Fremdarbeiter, wie sie noch genannt wurden; erst staatspolitische Notwendigkeiten machten sie zu Gastarbeitern. Probleme stießen hier zusammen, die des Schmunzelns wert waren, aber eingehend bedacht sein wollten. Arbeitern aus EWG-Ländern stand das in Deutschland gezahlte Kindergeld zu; 25 DM für das zweite, je 40 DM für das dritte und jedes weitere Kind, auch wenn Frauen und Kinder im Ausland wohnten. Bundesarbeitsminister Blank hatte am 8. Juni 1963 eine Rechtsverordnung unterzeichnet, wonach es auch den Fremdarbeitern aus den Nicht-EWG-Ländern Griechenland, Spanien und der Türkei gezahlt wurde.

In diesen Ländern hat ein Mann nur eine Frau;

aber für Angehörige mohammedanischer Staaten, zum Beispiel Algerien, wo es in einzelnen Fällen noch die Vielehe gab, wurde die Frage juristisch geprüft, ob in Deutschland das Kindergeld für die Kinder aller Frauen eines Fremdarbeiters zu zahlen sei. Plötzlich wurde, wie man sah, unter den Händen eines Ministers die Vielweiberei aktuell. Wie das sei, wenn einer vier Frauen und von jeder Frau vier Kinder habe? Probleme wurden hier entdeckt, die selbst weit über das für einen Minister Faßbare gingen. Aber da ein Minister Sinn für Nuancen hatte, würde ihm etwas einfallen, wie das mit der Vielweiberei zu arrangieren sein werde. Adenauer kurz vor seinem Rücktritt als Bundeskanzler in einer Kabinettssitzung zu Blank: »Wat hab' ich gehört, Sie haben Schwierigkeiten mit der Polygamie?«

Der Mann mit der roten Nase

Der britische Botschafter in der Bundesrepublik, Sir Christopher Steel, verließ am 30. Januar 1963 Deutschland; er trat in den Ruhestand. Dieser ausgezeichnete Mann hatte dem Bonner Diplomatischen Korps fast sechs Jahre angehört. Die Vertreter der großen Nationen sind in ihrem Gastland immer auf eine gewisse Weise exponiert, so auch Steel in Bonn. Es wäre übertrieben, zu sagen, die

Atmosphäre zu den Engländern habe sich im Jahrfünft vor seiner Pensionierung geradezu ideal entwickelt; aber das lag weder am britischen Botschafter in Bonn noch am deutschen Botschafter in London. Sir Christopher Steel wußte sehr genau, daß hier nur die Zeit helfen konnte. Der Botschafter, ein großer stattlicher Mann, der bei allen deutschen Stellen als ein besonderer Freund Deutschlands galt, hatte immer versucht, das Vertrauen zwischen den beiden Ländern zu erhöhen. In weiten Kreisen von Politik und Wirtschaft, auch in Berlin, wohin er unzählige Male reiste, erfreute er sich großer Beliebtheit. Er verließ viele deutsche Freunde, zu denen er in einer sehr persönlichen, freundschaftlich-herzlichen Beziehung stand. Der Chronist hatte ihn ins Herz geschlossen. Bei einer Diplomatenjagd im westfälischen Oelde schnürte ein Fuchs auf die britische Exzellenz zu, die keine Anstalten machte, die Flinte anzupacken. Befragt, sagte Sir Christopher: »Wir Engländer schießen keinen Fuchs. Wir jagen ihn mit der Hundemeute.« Er war der typische Karrierediplomat, der 1951 in den persönlichen Adelsstand erhoben worden war. Auslandsposten waren Rio de Janeiro, Paris, Den Haag, Kairo. 1935 war er dem Prinzen von Wales, der 1936 für zehn Monate als Eduard VIII. den britischen Thron innehatte und dann zurücktrat, als Privatsekretär attachiert. Schon vor dem Krieg war Steel bei der Britischen Botschaft in Berlin, nach dem Krieg bei der Alliierten Kontrollkommission und Stellvertreter des britischen Hohen Kommissars. »Wat den Steel so sympathisch macht«, sagte Adenauer, »ist seine Nase. Dat is ja ein richtiger roter Zinken. Der is ne Rotweintrinker.«

Er zitiert Luther

Im Vertrauen, daß in der Telefonzentrale des Bundeshauses der berüchtigte Knopf »Abhören« tatsächlich außer Betrieb ist: Über die Zähigkeit konnte man 1963 nur staunen, wie sich das ungute Gefühl im Bundeshaus hielt, es werde abgehört. Adenauer sagte frank und frei, er habe das Gefühl, er werde abgehört. Vor allem SPD-Abgeordnete waren wieder stutzig geworden. Auf der Toilette nämlich neben ihrem Fraktionssaal fanden sie neu angebrachte, mikrofonähnliche Geräte. Der Verdacht des Mithörens und Abhörens drängte sich sofort auf. Aber auf Befragen gab es die beruhigende Versicherung der Bundeshausverwaltung, die Geräte seien Duftspender, die automatisch in Aktion träten, sobald die Wasserspülung betätigt werde. Der Abgeordnete Adenauer traf auf jenem Örtchen den Abgeordneten Holger Börner aus Kassel, den er fragte, ob er das mit den Abhörgeräten gehört hätte. Er sei, sagte er zu Börner, doch evangelisch, dann dürfe er, Adenauer, doch

Luther zitieren. Börner war verblüfft über Adenauers plötzlichen Hang zum Intellektuellen: »Ja, ja, die Verleumdung, die ist ein Lüftchen, wie Luther so ähnlich wohl gesagt hat.« Börner geriet nur eins: Er war baff! Ja, ja, die Verleumdung, die ist ein Düftchen, wie schon Luther sinngemäß bemerkte.

Er mochte die Kennedys nicht

Einer der bemerkenswertesten Präsidenten der Vereinigten Staaten von Amerika war John F. Kennedy von 1961 bis 1963. Er war der Sohn eines der reichsten Amerikaner, eines Bankiers, Reeders und Spekulanten, enger Mitarbeiter Roosevelts. John F. Kennedy, Demokrat, hatte die Wahl knapp vor dem Republikaner Nixon gewonnen, auf den Adenauer gesetzt hatte. Sohn Kennedy war eine charismatische Persönlichkeit; er hatte zur Opferbereitschaft der Nation und zur politischen Neubesinnung aufgefordert und einen wissenschaftlich entwickelten Regierungsstil versucht. 1963 wurde er in Dallas ermordet. An der Berliner Mauer tat er den berühmt gewordenen Ausruf: »Ich bin ein Berliner.« Kaum eine deutsche Großstadt, die in den nächsten Jahren sich nicht eine »Kennedy-Straße« zulegte. Was man bis zu seiner Wahl für unmöglich gehalten hatte, denn das gab es bis dahin nicht: Kennedy war der erste katholische Präsident der USA. Gleichwohl: Adenauer mochte ihn nicht. 1966, Adenauer war neunzig, tat der Altkanzler den verbürgten Satz: »Ja, ja, da ist schon etwas dran. Unter Truman und Acheson und unter Eisenhower und Dulles ging es für uns aufwärts. Der Eisenhower war zwar ein General, und Militärs verstehen meistens nichts von der Politik, aber er kannte Europa aus dem Krieg sehr gut, und das war für uns ein großer Vorteil. Aber mit Kennedy, da ging es abwärts mit uns.« Zwischen Adenauer und Kennedy gab es im Palais Schaumburg einen peinlichen Auftritt. Adenauer beunruhigte die Entspannungstheorie Kennedys. Seinen theoretisierenden »Eierköpfen« traute Adenauer schon gar nicht. Das alles hatte die persönlichen Beziehungen zwischen Präsident und Kanzler verhärtet. Einmal vergaß sich der junge Kennedy und fuhr den alten Kanzler sehr unwirsch an. Adenauer entgegnete, das Gesicht nicht verziehend: »So können Sie mit mir nicht reden, Herr Kennedy!« Sie hatten sich nie gemocht. Kennedy entschuldigte sich.

Der Alterspräsident

Als Adenauer 1965 als Alterspräsident den fünften Bundestag eröffnete, sein Alter nannte und fragte, ob jemand im Hohen Hause sei, der älter sei als er, gab es große Heiterkeit im ganzen Hause. Dann brachte er es unterm eigenen Schmunzeln zu dem

Sprechblasensatz: »Ich stelle fest, ich bin einzig.« Der Beifall ging in Ovation über.

Ganz unperspektivisch thronte am 19. Oktober 1965, dem ersten Sitzungstag des neuen Bundestags, Adenauer als Alterspräsident auf dem höchsten Sitz im Plenarsaal und eröffnete die Sitzung. Die Perspektive seines Sitzes als Chef der Regierungsbank, erster Stuhl vornean, hatte man vierzehn Jahre erlebt. Auf dem Präsidentenstuhl war der Mann, weil das Bild ungewohnt war, verzeichnet. Hier hatten 1949 Paul Löbe, 1953 und 1957 Marie-Elisabeth Lüders und 1961 Konrad Adenauers Freund Robert Pferdmenges jeweils die erste Sitzung der Legislaturperioden eröffnet. Nun blieb es Adenauer nicht erspart, der schon 1953 das älteste Mitglied des Bundestages war, als Alterspräsident zu präsidieren. 1953, 1957 und 1961 hat ihn nur die Tatsache, daß er als Bundeskanzler amtierte, vor dem Amt des Alterspräsidenten gerettet; jetzt konnte er sich dem Amt nicht entziehen. Eher könnte man sich bei einem Beatle an einen kurzen Bürstenschnitt der Haare gewöhnen als bei Adenauer daran, nicht mehr mitmischen und nur präsidieren zu dürfen. Insofern nämlich war dem »Alten« auf dem Präsidentenstuhl die Perspektive verzeichnet. Man konnte ihn sich dort nicht vorstellen. Beim Hinausgehen, am Ende der Sitzung, versah er den jungen SPD-Abeordneten Berkhan mit dem Sätzchen: »Hab' ich dat nicht jut gemacht?«

Mende ohne Orden

»Ganz richtig«, erwiderte Erich Mende Mitte 1966 auf die Frage eines Journalisten bei einer FDP-Forumdiskussion in Bad Godesberg, er habe vom Herrn Bundespräsidenten noch kein Bundesverdienstkreuz verliehen bekommen. Das war selbst für die neu, die in Bonn des Klatsches halber ihr Augenmerk auf solche Dinge richten; sie hatten es übersehen. Mende, der Vizekanzler, wich auf Kant statt auf Lübke aus. Er zitierte Kants Spruch vom Bewußtsein freudig erfüllter Pflicht; er bekam Beifall, als er sagte, er habe dafür einige Kriegsdekorationen vorzuweisen (die er übrigens seit langem zum Frack nur noch als Kleinstausgabe an einem Kettchen trug). Die Praktiken der Verleihung des Bundesverdienstkreuzes wurden plötzlich offenkundig. In der Ära Lübke wurde ein weit schärferer Maßstab angelegt als in der Ära Heuss. Die Chance, einen Orden zu bekommen, war 1966 weit geringer als zehn Jahre früher. Auch Heuss lehnte es zwar ab, das Bundesverdienstkreuz zum Beispiel dem Großindustriellen und Milliardär Flick zu verleihen, weil er den nicht für einen »schöpferischen Unternehmer«, sondern für einen »Händler mit Aktienpaketen« hielt und der Orden nicht für das Verdienen, sondern für Verdienste gegeben werde. Aber im Fall Mende war es deswegen erstaunlich, weil Mende seit 1949 dem Bundestag angehörte, lange Jahre Fraktionsgeschäftsführer und dann Fraktionsvorsitzender war, seit sechs Jahren Parteivorsitzender und seit 1963 auch Bundesminister und Stellvertreter des Bundeskanzlers war. Erler, Wehner und Rasner waren längst dekoriert worden, auch der Bundesinnenminister Ernst Benda trug das Bundesverdienstkreuz am Bande, die niedrigste Klasse also. Adenauer, vom Tatbestand ins Bild gesetzt, sagte nur: »Ich war dafür nicht zuständig, da müssen Se schon de Herr Lübke fragen.«

Gewisse Ratschlüsse in diesen hohen Regionen sind immer unerforschlich geblieben. Aber beruhigend wird von der Ordenskanzlei gemeldet: Herr Mende habe längst das Schulterband mit Stern mit einer schönen roten Schärpe.

Die Präsidententochter sollte »die Deutschen« kennenlernen

Des amerikanischen Präsidenten Johnson Töchterlein war im Sommer 1966 in Bonn. Die publizistischen Hüter der bald aus der Bundeshauptstadt entschwundenen Lynda Bird Johnson hatten es herausgekriegt, daß die junge Dame von sage und schreibe neun amerikanischen und einem deutschen Kriminalbeamten der Bonner Sicherungsgruppe bewacht wurde. Eifrig hatte es ein

Offiziosus aus der amerikanischen Botschaft verkündet, die Präsidententochter wolle »die Deutschen« kennenlernen. Auf einem Ball in der Residenz des Botschafters in der Godesberger Rolandstraße wurde das Geheimnis für die junge Amerikanerin etwas gelüftet, was das ist: »die Deutschen«. Gelinde Zweifel stiegen auf, als man neben Beitz-, Springer- und Barzel-Kindern, ferner fünfzehn vom Auswärtigen Amt ausgeliehenen Attachés und einem Korpsstudenten ein Heer von Twens und Teens erlebte, die zum großen Teil der Hocharistokratie angehörten. Es waren gewissermaßen die höchsten Schichten der Gesellschaft. Altkanzler Adenauer über seinen »Erinnerungen« im Bundesratsbüro, vom Chronisten besucht, machte »Hm«; es war ein politisches »Hm«. Dann: »Und Beitz-, Springer- und Barzel-Kinder, sagen Sie? Ist das wahr?«

Atomwaffen und Peter Nellens Fieber

Dr. Curt Becker, Textilfabrikant aus Mönchengladbach, in den fünfziger und sechziger Jahren CDU-Abgeordneter im Bundestag, war anzusehen, wenn er Zeuge einer Adenauer-Anekdote wurde, die wie Vorlagen Günter Netzers aus der

Tiefe des Raums seiner Borussia-Elf kamen: Es mache Spaß.

Gert Bucerius, Verleger der »Zeit« und des »Stern«, »Buci« genannt, zur gleichen Fraktion gehörend, jahrelang ein Adenauer-Widersacher, mußte sich nach einer sehr kontroversen Debatte in der Fraktion plötzlich Adenauers Zuruf anhören: »Herr Bucerius, ich kann an Ihrem Gesicht nicht ablesen, was Sie nun von der Sache meinen, Sie sitzen dort im Schatten.« Bucerius leicht verärgert: »Das ist mein Schicksal, in dieser Fraktion immer im Schatten zu sitzen.« – »Aber Herr Bucerius«, erwiderte der Alte leicht süffisant, »in dem Schatten leuchtet Ihnen aber doch ein guter ›Stern‹.«

Auf einem »Bergfest« im »Excelsior« in Köln, eine der illustren Einladungen des BDI für die Regierung, hatte der Justizminister Thomas Dehler (FDP) die Damenrede zu halten. Er stand noch ganz unter dem Eindruck einer harten persönlichen Auseinandersetzung mit Adenauer, den er meist für ein Unglück hielt. Zu den Damen gewandt – jubilate, jubilate –, sagte er schließlich: »Als wir uns gar nicht einigen konnten, meinte Herr Adenauer schließlich: ›Aber Herr Dehler, verstehen Sie mich immer noch nicht, Sie haben doch eine so kluge Frau.‹« Es war wie ein Wölkchen an Zartheit, wie Adenauer das gesagt hatte: eine so kluge Frau!

Als Bundeskanzler Adenauer auch noch Außenminister war, betrat er mit seinem Staatssekretär Otto Lenz den Kabinettssaal, schaute auf die versammelten Mitglieder seiner Regierung und bemerkte: »Wenn ich mir so meine Kabinettsmitglieder ansehe, muß ich sagen, am besten gefällt mir mein Außenminister.«

Kurz bevor Beckers Fraktionskollege Peter Nellen, Laientheologe aus Münster, anno 1960 zur SPD übertrat, diskutierte man in der Fraktion ausführlich über die Stationierung von Atomwaffen in der Bundesrepublik. Nellen hatte widersprochen. Am Ende der Aussprache fragte Nellen bedrückt die Kollegen, was er bei der Abstimmung tun solle. »Melden Sie sich krank, Herr Nellen«, meinte Adenauer ungerührt. »Ich meine, ich hätte schon Fieber«, seufzte Nellen anspielungsreich. Aber für Adenauer überflüssig.

Er stolperte über Bücherberge

Es war quälend, was man in den Vorweihnachtstagen 1965 Adenauer zumutete. Den Weg, ein Autogramm von ihm zu erhalten, beschritten zunächst einzelne CDU/CSU-Abgeordnete während der letzten Plenarsitzungen des Bundestages. Schnell ein Sprung in die Bundeshausbuchhandlung, ein, zwei, drei Exemplare von Adenauers »Erinnerungen« gekauft, und es gab kein Hindernis, sie dem

»Alten« vorzulegen, der nur noch mit gezückter Feder dort saß, um sein Werk zu signieren.

Wieviel Bibliophile draußen im Land saßen, die auf Adenauers Autogramme scharf waren, ergaben die täglichen Postsendungen, die in Bonn und Rhöndorf eingingen. Es waren nicht Dutzende und nicht Hunderte, es wurden mehrere tausend Bittschriften an den »hochverehrten Herrn Altbundeskanzler«, er möge das beiliegende Exemplar seiner »Erinnerungen« mit seinem Namenszug versehen und zurücksenden.

Die Postbeamten und drei Adenauer-Sekretärinnen stolperten über Bücherberge. Wer das sah, konnte nur sagen, hier wurde ein alter Mann schimpflich mißhandelt; hier wurden Zumutungen an ihn gestellt, die gut gemeint waren, die aber das physische Vermögen überstiegen. Selbst einem fünfzig Jahre Jüngeren mußte das den Schreibkrampf in den Arm bringen. Nicht einmal als Beiläufigkeit wurde bemerkt: Zahlreiche Absender hatten kein Rückporto beigefügt. Die CDU-Bundesgeschäftsstelle hatte sich bereiterklärt, wenigstens diese Kosten zu übernehmen. Auch die Bonner Buchläden hatten, was die Adenauer-»Erinnerungen« anging, allerhand zu bewältigen. Die Bemerkung war gewiß am Platz: Die Historiker hatten sich noch nichts zu dem Buch einfallen lassen. Nur Konrad Adenauer sagte, vier von zwanzig Kapiteln des Bandes II habe er fertig. »Warten Se mal ab, wat da drinsteht«, sagte er drohend nichts- und vielsagend.

Drohend hing es auch sonst in der Luft: Konrad Adenauers 90. Geburtstag am 5. Januar. Aus der Schar der Zweifüßler trat ein Journalist an ihn heran: Ob er ein Interview von ihm bekommen könne für eine große Illustrierte, nichts Politisches, sondern etwa diese Fragen: Bis zu welchem Alter er von seinen Kindern Gehorsam erwartet habe? Ob er lieber in Gesellschaft einer schönen oder intelligenten Frau sei? Ob ihm Bosheit und Intrige heute mehr ausmachten als früher? Warum er gerne Krimis lese? Ob er Lügen für verzeihlich halte? Ob er sich an das erste Auto oder an das erste Flugzeug erinnere? Und Verständnis für die Beatles habe? Und so weiter und so fort. Adenauer winkte ab.

Adenauers Umgebung verkannte kurz vor dem Neunzigsten nicht, daß er älter geworden war. Der Chronist hat es damals festgehalten. Auch bei dem physiologischen Phänomen Adenauer hatte das Senium, wie es die Ärzte ausdrücken, das »Alter«, natürlich längst begonnen. Die körperlichen Wirkungen des langsamen Raubes, den die Zeit auch an ihm begangen hatte, waren unverkennbar. Aber am 5. Januar würde er noch einmal zeigen, was er noch vermochte. Er bekam keinen Orden Pour le mérite, denn den gibt es nicht für Politiker; er wurde nicht Ehrenkommandeur eines Bundeswehrbataillons, das gab es auch nicht; keine Universität wurde nach ihm benannt und kein Adenauer-Denkmal aus Erz, Stein oder Bronze enthüllt; Ehrendoktorhüte hatte er en masse. Die zuständigen Leute hatten sich zum Geburtstagsspektakel, dem sich der »Alte« willig hingab, was anderes einfallen lassen müssen. Er bekam zwei spätgotische Figuren.

Nach der landläufigen Meinung ist Altern ein Mißgeschick, Jungsein ein Glück. Beim Neunzigsten wurde auch der literarische Rettungsversuch des Altersglücks unternommen. Der »Alte« gehörte nicht zu jenen alten Herren, die Noch-Jungsein simulieren. Er war uralt; zum Bocciaspiel gab es kaum noch eine Gelegenheit, auch den noch im Jahr vorher üblichen täglichen Spaziergang ließ er sein. Anfang 1967 versuchte er, sich ganz auf den zweiten Band seiner »Erinnerungen« zu konzentrieren.

Keine achtzig mehr

Auch Altbundeskanzler Adenauer, in einem halben Jahr neunzig Jahre alt, hatte sich im Sommer 1965 auf die Wahlreise gemacht. Selbstmitleid war nie seine Art. Aber kürzlich eröffnete er seinen engsten Mitarbeitern im CDU-Parteivorstand, vor welchen Sorgen und Schwierigkeiten am Beginn des Wahlkampfes man stehe. Überraschend schien er nun doch ein kleines Scherflein an das Selbstmitleid geben zu wollen. »Der Herr Dr. Kraske«, sagte er, »unser Bundesgeschäftsführer, will in den Bundestag und hat einen Wahlkreis. Da wird er also dauernd unterwegs sein und sich nicht genügend um seine Arbeit in Bonn kümmern können.« Adenauer machte eine kurze Pause und schaute zum Geschäftsführenden Parteivorsitzenden, der ihn mit freier Stirn und listigen Äuglein, gewissermaßen als Märtyrer der eigenen Tüchtigkeit, anschaute. Demonstrativ ließ Josef-Hermann Dufhues dabei eins der bunten Spruchbänder um sein Haupt wehen, auf dem stand, daß man den Wahlsieg dem Herrgott abtrotzen werde. »Und der Herr Dufhues«, fuhr Adenauer fort, »hat seine Anwaltschaft und sein Notariat, und die nehmen ihn sehr in Anspruch.« Konrad Kraske und Dufhues schauten sich an und prüften den Wind. »Und dann, meine Herren, bleibe noch ich. Ich bin ja der Vorsitzende der Partei. Aber vergessen Se nicht, meine Herren, ich bin schließlich keine achtzig mehr.«

Nach dem ersten Band der »Erinnerungen«

Zur Frankfurter Buchmesse 1965 sollte der erste Band seiner »Erinnerungen 1945–1953« herauskommen. Ein Journalist, nämlich der Autor dieses

Buches, sprach mit ihm bei der letzten Plenarsitzung im Juli 1965 zwischen zwei Abstimmungen. »Viele Menschen haben doch von 1945 bis 1953 Ihren Weg gekreuzt«, sagte er zu Adenauer, »und jetzt haben manche Angst vor Ihren Erinnerungen; manche Leute meinen, sie kämen schlecht weg.« Er müsse doch mehr Historiker als bloß Berichterstatter sein, fügte der Journalist hinzu.

Hauptdarsteller Adenaur lächelte. Er habe sich das lange überlegt, aber er sei zu dem Entschluß gekommen, überhaupt niemanden der Zeitgenossen, die seinen Weg gekreuzt hätten, namentlich zu erwähnen. Weder Schumacher noch Ehlers noch Reuter? Weder Heuss noch Mende noch Erhard? Weder Arnold noch Ollenhauer, noch Wehner noch Gerstenmaier?

Er habe ursprünglich daran gedacht, erwiderte er, Brentanos Verdienst zu erwähnen, aber es sein gelassen, weil er dann auch andere nennen müsse. »Aber um Gottes willen«, sagte ich, um seine Premierenstimmung als Buchautor etwas anzuheizen, »es liegt Ihnen doch gewiß fern, zu sagen, daß Sie allein der Beweger der deutschen Nachkriegspolitik waren.« Das werde er nicht sagen, entgegnete er lächelnd, aber er wolle so sachlich wie möglich sein.

Das hindere ihn nicht, meinte der Fragesteller, seine Meinung über Churchill und Kennedy, Chruschtschow, de Gaulle und Erhard zu sagen, und wenn sie auch ganz subjektiv sei, das sei er der

Geschichte schuldig. »Warten Se doch mal ab«, erklärte Konrad Adenauer, »es kommt ja noch ein zweiter Band.«

Wo Sünde ist, ist auch Vergebung

Als 1966 Verfehlungen im Bundesverteidigungsministerium bekannt wurden, tat das Mitglied des Verteidigungsausschusses, Dr. Max Schulze-Vorberg (CSU), früher selbst Geselle im väterlichen Dachdeckergeschäft in Düsseldorf, einen geläufigen Handwerkerspruch, der von Bibelfestigkeit zeugte: »Wo Sünde ist, da ist Vergebung; wo Vergebung (von Aufträgen) ist, da ist Sünde.« Genau dorthin gehörten offenbar auch einige Flugzeugzubehörteile der Bundesluftwaffe, die der SPD-Wehrexperte, Karl Wienand, mit berechtigter Polemik versah. Eine Bordleiter für ein Flugzeug werde aus dem Ausland für 1100 DM beschafft, sagte der Abgeordnete, owohl sie im Inland für 100 DM zu erhalten sei. Ein Keramikwiderstand, Bestandteile etwa 50 cm Bandmaterial, zwei Keramikplatten und fünf Schrauben mit Muttern, sei zum Einzelpreis von 119 DM beschafft worden. Fachleute versicherten Wienand, daß man das für knapp 5 DM produzieren könne. Schließlich zeigte der Abgeordnete eine Röhre, die zu einem Preis von über 500 (fünfhundert!) DM beschafft wurde.

Nachdem die Truppe dagegen Sturm gelaufen war, wurde nachgeprüft. Dann habe es geheißen: Es kämen andere neue Röhren, die nur 360 DM kosteten. Bei einer »Infraprobe« habe man aber festgestellt, daß es die gleichen Röhren gewesen seien. Und diese Röhren seien auf dem freien Markt für knapp 6 DM zu bekommen. Schulze-Vorberg versah den Altbundeskanzler Adenauer mit dieser, wie er sich ausdrückte, skandalösen Geschichte. »Haben Se dann den Herrn von Hassel nicht am Schlips gekriegt?« (der damals Verteidigungsminister war) fragte Adenauer.

In der Mitte der leere Stuhl

Der Staatsakt im Bundestag / Bericht von Walter Henkels in der Frankfurter Allgemeinen Zeitung vom 26. April 1967

Er war gegenwärtig. Aber nun, da er die Abreise angetreten hat, fällt es schwer, seine Gestalt nicht mehr in diesem Plenarsaal zu sehen: wie er regelmäßig durch die mittlere Tür eintrat, wie er dann den schnurgeraden Weg durch die Sitzreihen nach vorn nahm, da grüßend, dort leicht nickend und dann ganz vorn, zu Füßen des Präsidenten, meist neben dem Abgeordneten Rasner, Platz nahm. Sein Geist weht noch lange in diesem Saal. Manche werden noch über die Zähigkeit staunen, wie lange sich Illusion und Bild erhalten können. Das Bild, daß er noch dort sitzen muß, ist zwingend.

Die Trauerversammlung im Plenarsaal des Bundestags war groß. Draußen am Eingang 7 des Bundeshauses hatte schweigend die Menge verharrt, als die hohe Prominenz vorfuhr. Aber keine Beifallsbezeigungen waren angebracht oder erlaubt, so hoch auch die Ränge der Staatsmänner waren. Die Trauer schloß das aus. Den Augenzeugen im Saal konnte der Schein dieser Exzellenzen und hochmögenden Herrschaften, die hier auf zwölfhundert Stühlen im Plenarsaal, auf weiteren 640 Plätzen auf den Tribünenrängen versammelt waren, nicht blenden. Wir nennen nicht ohne Bewegung gleich zu Beginn einen Mann mit dem mächtigen Kopf und der weißen Mähne, der kein offizielles Amt mehr hat, mit Vorbedacht als ersten; er hatte in der vierten Reihe der Trauerversammlung Platz genommen, der 84jährige Ben Gurion aus Israel, dem Adenauer gern ein Freund hatte sein wollen und wohl auch war. Auch Israels Außenminister Abba Eban mit seinem Botschafter Ben-Natan, auch Dr. Nahum Goldmann, der Präsident des »Jewish World Congress«, und Dr. Josef Cohn vom Waitzmann-Institut gaben dem Toten die letzte Ehre. Aber niemand konnte die Abschiedsstunde transparenter machen als der kleine weißhaarige Ben Gurion, den des Alters Beschwer nicht abgehalten hatte, nach Deutschland zu kommen.

Das Gestühl der Abgeordnetensitze hatte man beseitigt und aus Düsseldorf die zwölfhundert Stühle herangeholt. Im Mittelgang dämpfte ein roter Läufer die Schritte. Karge, eindrucksvolle Blumenarrangements von weißen Nelken und Lilien waren Behelf, die schwarze Balustrade der

Regierungsbank etwas zu verkleiden, von der der Tote vierzehn Jahre und einen Monat dem Parlament ins Auge gesehen hatte. Adenauers Abgeordnetensitz hatte man in die erste Stuhlreihe gesetzt und mit einem Nelkenstrauß versehen. Wir sagten, Adenauer war gegenwärtig, auch wenn der Platz leer war. Die Absicht der Symbolik war nicht zu übersehen. Auf der rechten Seite des leeren Stuhls saßen in dieser Reihenfolge: Präsident Johnson, Bundespräsident Lübke, Staatspräsident de Gaulle, Bundeskanzler Kiesinger, der älteste Sohn Dr. Konrad Adenauer und Frau, Bundesratspräsident Lemke, Ria und Walter Reiners, Dr. Lotte und Heribert Multhaupt, Ulla-Britta und Dr. Georg Adenauer. Auf der linken Seite fanden sich Bundestagspräsident Gerstenmaier. Dr. Max und Dr. Gisela Adenauer, Präsident des Bundesverfassungsgerichts Gebhard Müller, Monsignore Dr. Paul Adenauer und Libeth und Hermann Josef Werhahn. In jener Art Bescheidenheit, die in solchen Augenblicken vor der Welt und dem Toten zurücktritt, saßen Johnson und de Gaulle, die beiden mächtigen Männer, Johnson braungebrannt, de Gaulle blaß. Johnson gab eine untrügliche Probe davon, daß er hier der mächtigste Mann im Saal sein müsse, und er war es wohl auch; er saß als einziger die Beine übereinandergeschlagen. Der General aus Paris, den eine merkwürdige Freundschaft mit dem Toten verband, wünschte nicht, daß er bei der Verteilung von Respekt und Ansehen auch nur einen Millimeter hinter dem Manne aus den Vereinigten Staaten zurücktreten solle. Die beiden Herren sind Staatsoberhäupter.

Der sonst so selbstbewußte britische Premierminister Wilson schien der Bescheidenheit den Vorzug zu geben. Das Protokoll hatte ihn, wie auch die Regierungschefs von Schweden, Dänemark, Island, Österreich, Iran, Norwegen, Türkei und Italien, in die nächste Reihe plaziert. Die Enkelkinder und die weitere Familie Adenauer waren auf der Diplomatentribüne untergebracht. Aber immer wieder ging der Blick, auch der der Kameras, zu Johnson und de Gaulle, die scheinbar ungerührt, nur von Lübke getrennt, beieinander saßen. Wer hinschaute von der Tribüne eins, bemerkte in den scheinbar unbewegten Gesichtern manche versteckte Bewegung. Es war wohl kein Zufall, daß Gerstenmaier und Kiesinger in ihren Reden immer erst den General de Gaulle ansprachen; es entsprach der Strenge des Protokolls.

Die Umsicht des Protokolls hatte im Mittelgang in elf Reihen jeweils die äußeren Stühle mit je einem Kriminalbeamten besetzt und sonst ein Kunstwerk in der Reihenfolge der Anciennität vollbracht. Wie waren so viele Relgierungschefs, Außenminister, Präsidenten, Botschafter und Sonderbotschafter zu setzen? Der Sowjetbotschafter Zarapkin saß zwischen den Sonderbotschaftern von Brasilien und Burundi. Man sah Adenauers alten Freund Joseph Bech, den ehemaligen Ministerpräsidenten von Luxemburg, mit dem gegenwärtigen Regierungschef Werner. Selbst Delegationen aus San Marino, Formosa und Madagaskar waren anwesend.

Präsident Johnson hatte die Herren Rusk, McCloy und Clay, Premierminister Wilson seinen Oppositionsführer Heath, den ehemaligen Ministerpräsidenten Macmillan, der am Stock kam, und den ehemaligen Hochkommissar Lord Robertson mitgebracht. Alle großen internationalen Organisationen, die NATO mit ihrem Generalsekretär Brosio, sogar die Heilsarmee, der Malteser- und der Johanniterorden und der Metropolit der griechisch-orthodoxen Kirche waren vertreten.

Auch Mrs. Eleanor Dulles und der Präsident der amerikanischen Gewerkschaften, George Meany, die alten Europa-Mitkämpfer Monnet und Pflimlin waren gekommen. Unten sah man Abs und Rosenberg, Berg und Rust, Speidel, Heusinger und Dahlgrün, Dufhues und Blessing, die gesamte Bundesregierung und viele frühere Minister, alle Länderchefs, Mende und von Hase, Helmut Schmidt und von Kühlmann-Stumm nebeneinander. Alle Inspekteure der Bundeswehr, das Purpurrot der Kardinäle, das Violett der Bischöfe, viele Botschafter in ihren Nationaltrachten waren präsent. Der frühere Staatssekretär Globke durfte nicht fehlen.

Bundespräsident Lübke sprach von der Zeit, die den Atem anzuhalten schien, als Adenauer sich dem Tode ergeben hatte, Bundestagspräsident Gerstenmaier davon, daß Adenauer erst auf dem Totenbett ein Greis geworden sei; und Bundeskanzler Kiesinger sagte vom Verstorbenen, er habe ihm bei seinem letzten Besuch die europäische Einigung als Erbe ans Herz gelegt. Die einfache Formel, der Verstorbene habe sich um das Vaterland verdient gemacht, wie Gerstenmaier sagte, kommt dem Pathetischen entgegen.

Er war gegenwärtig. Die Stunde des Abschieds war von Wehmut durchtränkt. Mit Erstaunen nahm jeder wahr, daß die Legende um diesen Mann bis in den äußersten Winkel der Erde gedrungen sein muß; die Delegationen aus aller Welt waren auffallend.

Die Assoziationen überkommen den Augenzeugen vieler Jahre. Ein subjektives Bedürfnis, Trauer und Wehmut dieses Staatsaktes zu überspielen, wird wach. Nun, da er die große Reise angetreten hat, gehen die Gedanken auf Wanderschaft.

Vor bald zwanzig Jahren, 1948, hat er drüben, man sieht den Trakt durch die Glaswände, im Turnsaal der Pädagogischen Akademie, jetzt dem Sitzungssaal des Bundesrats, als Präsident des Parlamentarischen Rates seine große politische Laufbahn mehr oder weniger begonnen. Auch ohne die Nachhilfe des damaligen Düsseldorfer Bevollmächtigten Wandersleb, der unten im Plenarsaal saß, sind wir bald dabei, diesen Bundestagsplenarsaal, in dem seiner gedacht wird, in seine jetzige

Form umzubauen. Hier wurde er, am 15. September 1949, zum erstenmal zum Bundeskanzler gewählt. Es war die Abstimmung mit der berühmten einen Stimme Mehrheit, die seine eigene war. Man erinnert sich noch des langen, fast hageren Mannes, der angetan war mit dem neuen Cutaway mit den überlangen Rockschößen, den er sich damals hatte schneidern lassen, während die anderen in ihren schwarzen, abgewetzten Anzügen dasaßen, die sie aus den Bombennächten gerettet hatten.

Die Nachwelt in Bonn wird im Geist noch einmal Eisenhower und Dulles, Kennedy und de Gaulle, die Königinnen Elizabeth und Sirikit, Nehru, Sukarno, den Kaiser von Äthiopien und noch viele Dutzende Staatszelebritäten vorüberziehen sehen. Die toten Freunde Robert Schumann und Alcide de Gasperi aus Europas Gründertagen haben hier in der Erinnerung erst recht ihre wohlerworbenen Rechte. Seltsames Gefühl, ihn nicht mehr unter den Lebenden zu wissen.

Das Orchester der Beethovenhalle Bonn unter dem Generalmusikdirektor Volker Wangenheim spielte Vivaldis Sinfonia h-Moll für Streicher (als Santo Sepolco) und am Schluß Haydns Poco Adagio Cantabile aus dem Kaiserquartett, wobei es einen leichten Unfall gab, weil man zögerte aufzustehen und nicht wußte, ob es die Nationalhymne war. Beim Entschreiten verhielt General de Gaulle und reichte Monsignore Dr. Paul Adenauer,

Libeth und Hermann Josef Werhahn die Hand, ehe er sich wieder an des Bundespräsidenten Seite begab.

Personenregister

Abs, Hermann Josef 144, 170
Acheson, Dean 152
Adenauer, Georg 60 ff., 168
Adenauer, Gisela 168
Adenauer, Konrad (junior) 30, 98 168
Adenauer, Lola 82
Adenauer, Max 98, 168
Adenauer, Paul 53, 168, 172
Adenauer, Ulla-Britta 168
Ahlers, Conrad 101 f.
Altmeier, Peter 21
Amery, Carl 109
Apel, Hans 47
Appel, Reinhard 102 f.
102 f.Arndt, Adolf 75, 77
Arnold, Karl 96, 163
Augstein, Rudolf 101, 130

Bach, Franz Josef 70
Bafile, Corrado 141
Baring, Arnulf 86 f., 109
Barzel, Rainer 156
Bauer, Markus 22
Bauer, Toni 22
Bebber-Buch, Ella 75 f.
Bech, Josef 109, 169
Becker, Curt 156, 158

Beitz, Berthold 156
Benda, Ernst 155
Ben Gurion, David 167
Ben-Natan, Asher 167
Berg, Fritz 170
Berkhan, Karl Wilhelm 153
Bismarck, Otto von 65
Blank, Theodor 146 f.
Blessing, Karl 170
Bocuse, Paul 89
Böll, Heinrich 80
Börner, Holger 149
Brandt, Willy 71, 111
Braun, Sigismund von 41, 89 f., 116
Braunschweig-Lüneburg, Elisabeth von 119 f.
Breit, Wilhelm 67
Brentano, Heinrich von 26, 37, 124, 163
Brosio, Manilo Giovanni 170
Broicher, Heinz 76
Bucerius, Gerd 58, 157
Brüning, Heinrich 83
Bruyns, Barthel 143
Büchner, Georg 42
Buddenbrock, Jobst Freiherr von 25

Carstens, Karl 67
Castro, Fidel 24
Chomeini, Ruhollah 32
Chruschtschow, Nikita 55 f., 80, 87 f., 163
Churchill, Sir Winston 65, 76, 108 f., 113, 163
Clay, Lucius D. 143, 170
Cohn, Josef 167

Dahlgrün, Rolf 47 f., 170
Daniels, Wilhelm 19
Dehler, Thomas 157
Dresbach, August 83 f., 93
Dufhues, Josef-Hermann 140, 162, 170
Dulles, Eleanor 170
Dulles, John Foster 86, 152, 172

Eban, Abba Solomon 167
Eckardt, Felix von 32 ff., 56, 77 ff., 94, 97, 108 f.
Eduard VIII. 148
Ehlers, Hermann 91, 163
Eisenhower, Dwight David 152, 172
Elizabeth II. 172
Endrikat, Fred 96
Engels, Friedrich 87
Erhard, Ludwig 19, 48, 66, 83, 111, 113 f., 116 ff., 122 f., 138 f., 143, 163
Erler, Fritz 135, 155
Ertl Josef 72
Etzel, Franz 47 f.

Felt, Harry Donald 31
Fett, Kurt 107

Figl, Leopold 29
Filbinger, Hans 40
Finkenstein, Hans Werner Graf 90
Flick, Friedrich 154
Foertsch, Friedrich 103
Franco Bahamonde, Francisco 110
François-Poncet, André 54
Freise, Manfred 73 f.
Frondizi, Arturo 51

Gasperi, Alcide de 20 ff., 86, 172
Gaulle, Charles de 17 f., 23, 44, 65 f., 86, 163, 168 f., 172
Genscher, Hans-Dietrich 46
Gerstenmaier, Eugen 82, 99, 118, 163, 168 ff.
Globke, Hans 33, 143, 170
Goerdeler, Carl Friedrich 81 ff.
Goethe, Johann Wolfgang von 96, 116, 119
Goldmann, Nahum 167
Görlinger, Robert 88
Griesinger, Annemarie 42
Guttenberg, Karl Theodor Reichsfreiherr von und zu 68

Hackenbroich, Kurt 60
Hahn, Kurt 42
Hase, Karl-Günther von 113, 170
Hassel, Kai Uwe von 43 f., 165
Haydn, Joseph 172

Heath, Edward Richard George 170
Hegel, Georg Wilhelm Friedrich 51
Heine, Heinrich 42, 96
Heinen, Johann Josef 59
Heinrich VII. 20
Hemingway, Ernest 26
Hengsbach, Franz 102
Henkels, Walter 166
Herwarth, Hans Heinrich von 90
Heusinger, Adolf 107, 170
Heuss, Theodor 41, 45, 137, 163
Heydt, Peter von der Freiherr von Massenbach 35 f.
Hilpert, Werner 145
Hitler, Adolf 29 f., 81 f., 107
Hohmann, Karl 117 f., 143
Holleben, Ehrenfried von 90, 138 ff.
Hönl, John 21
Hvass, Frants 141

Jacobi, Claus 130 f.
Jaeger, Richard 95 f.
Jödahl, Ole 141
Johnson, Lynda Bird 155
Johnson, Lyndon Baines 138 f., 155, 168 ff.

Kaiser, Jakob 83
Kant, Immanuel 51
Karl VI. 120
Kempski, Hans-Ulrich 87
Kennedy, John F. 17 f., 135, 151 f.
Kiesinger, Kurt-Georg 40 f., 66, 68, 111, 125 f., 169
Klein, Günter 98
Kliesing, Georg 58, 61
Klimsch, Fritz 46 f.
Klockner, Willi 138
Kohl, Helmut 134
Kraske, Konrad 70, 140, 161 f.
Kraus, Karl 73
Krone, Heinrich 72, 86
Krueger, Werner 78
Kühlmann-Stumm, Knut von 170
Kühner, Hugo Max 54 f.
Kunst, D. Hermann 123

Lahnstein, Manfred 47
Lemke, Helmut 168
Lemmer, Ernst 83
Lenz, Otto 158
Leo XIII. 57
Lescrinier, Bernard 105 ff.
Löbe, Paul 153
Löns, Hermann 112
Lübke, Heinrich 45, 47, 113, 130, 154, 168 ff.
Lucullus, lucius Licinius 89 f.
Lüders, Marie-Elisabeth 153
Luther, Martin 81, 150

Macmillan, Harold 170
Maier, Reinhold 40
Mann, Golo 42 ff.
Martin, Alfred 101
Martini, Paul 75
Marx, Karl 87
Maternus, Ria 79
Matthöfer, Hans Hermann 47
Maximilian II. Joseph 103 f.

McCloy, John Jay 54, 170
McNamara, Robert Strange 44
Meany, George 170
Mende, Erich 37, 70 ff., 154 ff., 163, 170
Mende, Margot 27 f.
Metternich, Fürst Klemens Wenzel 42
Meyer, Claus Heinrich 37, 134, 137
Mikojan, Anastas Iwanowitzsch 36 f.
Mohr, Günther 90
Mölbert, Jakob 59
Möller, Hans 59
Möller, Alex 47
Monnet, Jean 170
Muench, Aloisius 145
Müggenburg, Günter 127
Müller, Gebhard 40, 168
Müller-Marein, Josef 80 f.
Multhaupt, Heribert 168
Multhaupt, Lotte 168

Nehru, Jawaharlal 172
Nellen, Peter 158
Netzer, Günter 156
Niehans, Paul 75
Nixon, Richard 151
Nowottny, Friedrich 127

Ollenhauer, Erich 163
Oppenheimer, Franz 143
Osterheld, Horst 64 ff.

Pahlevi, Mohammed Reza 32
Pahlevi, Soraya 32
Pappritz, Erica 115

Peron, Juan Domingo 51
Pettenberg, Heinz 70
Pferdmenges, Dorothea 87, 145
Pferdmenges, Robert 86 ff., 130 f., 145 f., 153
Pflimlin, Pierre 170
Podwils, Max Graf 90
Pope, Lance 112 f.
Profittlich, Peter 58—63
Purwin, Hilde 111

Qualtinger, Helmut 134

Raab, Julius 29
Rapp, Alfred 106
Rasner, Will 124, 155, 166
Reiners, Ria 168
Reiners, Walter 168
Reuter, Ernst 163
Riedel, Clemens 52
Riese, Adam 128
Risse, Roland 118
Robertson, Brian Hubert 54, 170
Roosevelt, Franklin Delano 151
Rosenberg, Ludwig 170
Ruehl, Lothar 108, 110
Rusk, Dean 170
Russell, Bertrand 42
Rust, Josef 170

Sabel, Maurus 53
Schäffer, Fritz 47
Schiller, Friedrich von 140
Schmid, Carlo 71
Schmidt, Helmut 45, 47, 111, 114, 170

Schmidt, Otto 96
Schnitzler, Eduard von 87
Schöller, Franz-Joachim 90
Schröder, Gerhard 40, 43, 46
Schulze-Vorberg, Max 81, 138, 164 f.
Schumacher, Kurt 163
Schumann, Robert 86, 172
Schwarzmann, Hans 90
Schwippert, Hans 121
Selbach, Josef 120
Shakespeare, William 70
Sirikit 172
Smirnow, Andrej Andrejwitsch 78, 141 f.
Smirnowa, Natascha 142
Spaak, Paul-Henri 109
Späth, Lothar 40
Speidel, Hans 107, 170
Springer, Axel 156
Steel, Sir Christopher 147 ff.
Stoltenberg, Gerhard 47
Strauß, Franz-Josef 27, 44, 47, 58, 72, 99–104, 138
Strauß, Marianne 27
Strobel, Robert 24 ff.
Stücklen, Richard 92
Suharto, Kemusu 46
Sukarno, Achmed 46 f., 170

Teusch, Christine 93
Thedieck, Franz 82 f.

Treitschke, Heinrich von 67 f.
Truman, Harry Spencer 152

Vivaldi, Antonio 172

Waffenschmidt, Horst 93
Walztinger, Karl 112
Wangenheim, Volker 172
Weber, Max 42
Wechmar, Rüdiger Freiherr von 108
Wehner, Herbert 155, 163
Welczeck, Johannes Graf 90
Werhahn, Hermann Josef 168, 173
Werhahn, Libeth 32, 168, 173
Werner, Pierre 170
Westrick, Ludger 143
Weymar, Paul 82
Wienand, Karl 164
Wilmenrod, Clemens 89
Wilson, Sir Harold 169 f.
Wirth, August 67 f.
Wocker, Karl-Heinz 134 f., 137
Wuermeling, Franz-Josef 50 f.

Zarapkin, Semjon Konstantinowitsch 169
Zuckmayer, Carl 21